DRIMUSARY.
На пути к Американской Мечте
Версия Mini

Краткое (мини) практическое руководство для иммигрантов:
от первых шагов до уверенной жизни в США

Издательство Drimusary Books
Washington, USA • 2025
Third Edition

С наилучшими пожеланиями:

Published by Drimusary Books
www.drimusary.com
ISBN 978-1-969512-00-1

О чём эта книга?

«На пути к Американской Мечте. Mini» — это честное, подробное и изложенное простым и понятным, человеческим языком руководство для иммигрантов, которые уже переехали в США, и теперь хотят не просто выживать, а строить полноценную, устойчивую и достойную жизнь.

Автор прошёл этот путь сам — от первых трудностей до построения жизни, карьеры и бизнеса в Америке — и собрал в этой книге всё, что помогло ему самому: инструкции, реальные истории, юридические нюансы, финансовые советы и культурные ориентиры.

Если вы хотите подтвердить свою квалификацию, найти достойную работу, защитить свои права, адаптироваться в новой среде, освоить американскую систему образования, разобраться в налогах, построить бизнес, инвестировать, или просто чувствовать себя уверенно в США — эта книга станет вашим надёжным спутником.

Это не теория и не мотивация — это пошаговый, практический путеводитель, написанный с душой.

Посвящение и благодарности

Эта книга — не просто собрание знаний, опыта и наблюдений, а плод многих лет поиска, сомнений, открытий и любви. Я посвящаю её тем, кто оказался между двумя мирами — оставил всё позади, чтобы построить новое будущее.

Мое обещание и обязательство:

Половина прибыли от продажи этой книги будет направлена на поддержку детей-сирот в странах СНГ.

Другая половина прибыли от продажи этой книги будет направлена на восстановление Украины и невоенные пожертвования в адрес Украины, пострадавшей от вторжения Путина.

Я верю, что мы не можем изменить прошлое, но способны повлиять на настоящее, и помочь тем, кто нуждается в будущем.

Особая благодарность:

Моим прекрасным музам — Тоне, Саше и Кате.
Без вашей любви, терпения и веры в меня эта книга никогда бы не появилась.

Моей семье и самым близким.
За доброту, поддержку и то тепло, которое помогает продолжать путь.

Предисловие от автора

Когда мы впервые оказались в США, перейдя границу с Мексикой, у нас было два чемодана, немного наличных и целая вселенная страхов и надежд. Я приехал не туристом и не в поисках приключений, а человеком, который был вынужден начать всё с нуля. В чужой стране, с чужими законами, с чужим языком — но с очень ясной целью: построить новую достойную жизнь.

Первое время было невероятно тяжёлым. Не потому, что не было еды или крыши над головой, а просто потому, что буквально каждый шаг требовал объяснений. Почему у меня нет кредитной истории? Почему я не могу просто управлять машиной без пересдачи на права? Почему даже простая ошибка может стоить статуса, работы или будущего?

Ответов не было. Вернее, они были, но их приходилось искать по крупицам — в форумах, на YouTube, в разговорах с такими же иммигрантами, как я, но по большей части – в книгах. Именно книги на английском языке стали моей психологической отдушиной и картой в безбрежном море американской неизведанности. Со временем я понял: в Америке действительно можно построить будущее. Но только если ты понимаешь, как работает эта страна, знаешь хотя бы в минимальном объёме ее законы, и понимаешь как устроена её система — от иммиграционного права до образования детей, от налогов до медицинской страховки, от карьеры до армии. И, в отличие от моего предыдущего опыта, не личные связи, а именно это понимание дает тебе невероятное преимущество.

Эта книга — результат моего пути и конкретные знания, собранные по шагам, проверенные на себе и на десятках других иммигрантов. Здесь нет пафоса, а только то, что действительно сработало и продолжает работать для меня. Я пишу эту книгу для вас — тех, кто уже сделал первый шаг: приехал, оформился, учит язык, ищет работу, строит бизнес или просто пытается понять, как всё в США устроено. Возможно, вы боитесь. Возможно, вы устали. Возможно, вы на грани разочарования. Я был на всех этих пунктах, прошёл их все, и уверен: у вас всё получится.

Добро пожаловать на ваш Путь к Американской Мечте.

Егор Редин

ОГЛАВЛЕНИЕ

6

7

Глава 1. ВВЕДЕНИЕ

Как устроена эта книга и как ею пользоваться?

Когда-то мне написал парень по имени Алексей. Он купил одну эмигрантскую книгу — не стану её называть, дабы не обидеть авторов. Он был тогда на втором месяце жизни в США, только что получил SSN и ждал EAD. В книге было всё красиво, аккуратно: главы, термины, истории, но ноль инструкций. Всё казалось умным, важным, вдохновляющим... пока не начиналось что-то практическое. «Я читаю и не понимаю — мне прямо сейчас на какую страницу идти? Мне заполнять форму или сначала искать школу? Как найти то, что относится именно ко мне?» — так он мне и написал. И закончил: «Я просто потерялся внутри книги. Она красивая, но как справочник — бесполезная».

Эта история во многом повлияла на структуру моей книги: мне не нужно, чтобы вы терялись. Я хотел, чтобы вы ориентировались в книге, как рыба в воде. Чтобы эта книга была и дорожной картой, и инструкцией одновременно. Поэтому я вкратце объясняю, как она устроена.

Структура книги
В этой книге есть два типа глав:

Полные главы
Это главы, которые раскрывают тему глубоко и подробно. В каждой такой главе:
- моя личная история или история моих знакомых
- подробное объяснение темы
- пошаговые инструкции
- полезности, которые вы можете скачать
- ссылки, советы, примеры

Полные главы важны, если вы хотите разобраться в теме от А до Я — от базы до практики.

Сокращённые главы

Это главы, которые дают выжимку по теме: базовые знания, распространённые ошибки и основные шаги. Такие главы во много раз короче, потому что я хочу сначала написать несколько полных глав и несколько сокращенных глав, чтобы понять, насколько в принципе мое творчество нужно читателям. (Вы ведь держите в руках версию Mini — помните?). Если я увижу интерес к теме адаптации в США и к этой моей книге, то я выпущу расширенную версию, где будут только полные главы; в них читатель сможет найти ответы на практически все вопросы.

Но версия Mini — совсем не значит «неполная, недостаточная»; просто она уменьшенная, более удобная, более рациональная, для быстрого использования. Но вы удивитесь объёму новых знаний, которые она вам принесет!

Примеры сокращенных глав в этой книге:

- Система образования в США
- Государственная помощь на образование в США
- Страхование
- Правовая и судебная система США
- Как самостоятельно защищать свои права в судах США
- Разрешение конфликтов в США
- Бизнес в США
- Финансовая грамотность в США
- Менталитет американцев и культурная адаптация
- Служба в армии США, как путь к Американской Мечте

Почему я сделал такое разделение? Честно – это мой первый опыт такой крупной писательской работы. И я дал себе слово, что я выпущу эту мини-книгу до 1 сентября 2025 года, вне зависимости от того, сколько глав будет готово - чтобы просто понимать, что я смогу это сделать несмотря ни на что. К тому же, все 17 написанных мной глав занимают уже больше 800 страниц печатного текста. Редактура и корректура такого объема текста заняли у меня бы больше 10 месяцев. А в любом начинании главное – начать и сделать хотя бы первый результат. Поэтому эта книга – первый результат моей ускоренной писательской стези, ведь если бы я еще год правил и «доводил до совершенства» полную книгу, то десятки и сотни читателей (в том числе и вы) потенциально могли бы потерять месяцы и годы жизни, не применяя в жизни все то, о чем я пишу здесь.

Символика и разделы

Чтобы вам было удобно ориентироваться, я использую специальные иконки:

	Инструкция – важная инструкция, описывающая порядок действий читателя для достижения желаемого результата
	Файл – гайд или иной полезный документ, который читатель может получить
	Вложение — возможность скачать шаблон, чеклист или таблицу
	Перечень – список действий, которые предлагаются к выполнению
	План - пошаговое выполнение задачи
	Маршрут - маршрут или стратегия действий читателя
	Прогресс – описание прогресса или роста
	Следующий шаг - последовательность действий или куда читателю двигаться дальше
	Точка действия — конкретное действие, которое читатель может сделать уже сегодня
	Совет — проверенная хитрость или лайфхак
	Предупреждение - знак, предупреждающий читателя о важных рисках или опасностях
	Стоп - знак, недвусмысленно говорящий, что надо остановиться
	Ошибка — типичная ловушка, которую читателю стоит избегать
	Смертельная ошибка – действия, которые могут стоить читателю жизни или статуса в США

	Пример из жизни иммигранта в США — история человека, который переехал в США
	История из жизни автора– личный опыт из жизни автора этой книги – Егора Редина
	Инсайт / идея - главный вывод / осознание / раздел, который может изменить мнение читателя
	Самопроверка - мини-тест или вопросы к себе
	Рефлексия – перерыв, который надо сделать, чтобы осмыслить прочитанное или подумать над выводом
	Поддержка - раздел, в котором говорится о каком-либо сообществе, куда читатель может вступить или где он может получить поддержку
	Навигатор - раздел с навигацией для читателя
	Объяснение - разбор понятия или аббревиатуры
	Весы правосудия - законы, правовая защита
	Суд – суды США и судебная система
	Настройка или внедрение - самостоятельная настройка читателем чего-либо
	Финансы - любые финансовые вопросы и разделы
	Браузер - переход к онлайн-ресурсу
	Вдохновение - творческое задание или перемена мышления
	Книги - список рекомендуемой литературы
	Видео/Ютуб - ссылка на рекомендуемые YouTube-канал или видео
	Верификация – то, что лично проверено автором
	Подтверждение – то, что является верным по мнению автора, но не проверено им лично

	Exempli Gratia – пример, образец, шаблон, иллюстрация
	Миф – развенчание мифов и неверных утверждений
	Успех – пример истории успеха

Дисклеймер об авторских правах и ответственности

Как читать книгу — по порядку или выборочно?

Оба способа допустимы:

✓ Если вы только что приехали — читайте по порядку, тогда у вас сложится системная картина.

✓ Если вы уже живёте в США 2+ года — читайте именно по той теме, которая вас волнует сейчас.

 **Полезность**

Сделайте закладку в оглавлении, и рядом запишите: «Что мне нужно от этой книги прямо сейчас?».

Примеры:

• Хочу понять, как подтвердить диплом.

• Хочу знать, что делать с медицинской страховкой.

• Хочу научиться не бояться судов.

• Хочу знать, как открыть бизнес в США.

А потом — следуйте стрелкам, потому что это не художественная книга, а инструмент.

Инструкция. Помните, как вы ещё дома собирали мебель одного известного шведского производителя? Пошаговая инструкция с картинками. То же и здесь: со стрелочками и прочей инфографикой — для вашего максимального удобства.

Вы не обязаны читать всё. Но если эта книга будет у вас на столе с закладками, с заметками, с подчеркиваниями, значит, вы правильно ею пользуетесь. Пусть она станет не пыльным памятником типографского производства, а инструментом вашего движения к саморазвитию и комфортной жизни в США. Поверьте мне, жизнь в Америке именно удобна, хотя для всех неофитов непонятна. Цель книги — провести иммигранта от тотального непонимания системы к комфортному проживанию в новой стране.

Сотни историй и судеб

Когда вы держите в руках эту книгу, вы держите не просто мои мысли — в ней вы слышите голоса сотен других людей. Каждая глава, каждый поворот, каждая ошибка и победа, описанные здесь, рождены не только моим опытом. Это итог множества разговоров и иногда почти исповедальных. Эти истории, все эти судьбы, сами пришли ко мне.

С тех пор, как я начал вести блог в Телеграме и накапливать аудиторию на YouTube, делиться своим собственным путём, ко мне стали обращаться десятки моих подписчиков. Кто-то писал: «Вы сказали то, что я боялся сформулировать вслух». Кто-то приходил на консультацию и выкладывал свою жизнь. Кто-то делился голосовым сообщением из автобуса, пока ехал на третью работу подряд за день. А кто-то писал мне из машины, припаркованной у супермаркета, где он только что оставил последние 7 долларов за пачку подгузников и банку детской смеси.

Я не просил этих историй. Я не охотился за ними, но, когда тебе доверяют — ты обязан быть внимательным. Ты слушаешь, впитываешь, запоминаешь. В каких-то случаях — молишься за человека, в других — улыбаешься сквозь слёзы. А где-то ловишь себя на мысли что это то, что обязательно должен услышать каждый кто не хочет встать на эти же грабли.

Книга эта — не только справочник и компас, но она ещё и от души. Слишком много в ней и своего и чужого опыта, чтобы быть просто книгой.

Некоторые рассказы останутся со мной навсегда. Например, парень, который мыл полы в ночной смене, днём учил JavaScript — и через год стал работать в стартапе. Женщина, которая не говорила по-английски, но через пять лет стала менеджером в американской компании. Остались в памяти и те, кто не справился, те, кто сдался или уехал. Эти истории особенно острые, потому что в них — правда без фильтров и романтики.

Почему я рассказываю об этих людях, почему делюсь их историями? Потому что это важно. Потому что иногда одна чужая история способна спасти вашу. Потому что на чужом опыте вы можете предотвратить собственный опасный поворот — тот, на котором ещё не поздно сбросить скорость или включить фары. Или на котором нужно, наоборот, поддать газу.

Я верю в силу рассказа не ради красивого слога, не ради жалости, не ради морали, а ради действия, которое вы можете предпринять, прочитав эту книгу и все мои последующие книги. Пусть каждый рассказ несет вам желание перемен, чтобы у каждого из вас был шанс. Шанс на лучшее будущее.

⚠️ Дисклеймер: конфиденциальность и отсутствие идентификации

Все, описанные в этой и всех последующих книгах, истории предназначены исключительно для образовательных и информационных целей и не являются юридической консультацией. Любые совпадения с реальными людьми, именами, организациями или обстоятельствами случайны. В целях защиты конфиденциальности все имена, даты, места и иные идентифицирующие детали могут быть изменены или вымышлены таким образом, что невозможно установить личность участников. Сходства с реальными событиями не должны интерпретироваться как фактические утверждения о конкретных лицах.

Если вы обращаетесь ко мне за консультацией, я гарантирую, что ваша история не будет разглашена без вашего согласия или же ваша история будет содержать настолько изменённые данные, которые исключат возможность вашей идентификации. Суть этих историй отражает реальные явления и проблемы, но не предназначена для указания на конкретных людей.

Кому подойдёт эта книга?

У меня был знакомый, Андрей. Мы пересеклись в 2023 году на одном из иммигрантских форумов. Он приехал по U4U, снял квартиру в пригороде Такомы, устроился в логистику. Жена — няня, дочка в начальной школе. На первый взгляд — всё стабильно, но через полгода он сказал мне: «Я как будто застрял. Вроде и статус оформил, и работа есть, но дальше — тупик. Расти некуда, а менять что-то - страшно. Но и оставаться в этом состоянии, в этом тупике — значит терять годы». Это был очень честный разговор. Он признал вслух то, что думают тысячи русскоязычных людей, которые уже живут в США 3, 5 и более лет. Хоть они не новички, но и не встроены на должном уровне в американскую действительность. У них вроде всё «нормально» но рутинная, надоевшая «нормальность» и убивает мечту. Потому что мечта — это не просто «выжить». Это жить с направлением и ростом. Эта книга написана для тех, кто хочет большего. Начинается она, конечно, с того, как получить хотя бы меньшее, самое простое — но курс на большее, на лучшее в книге присутствует как основной. Не выживать — жить. Она для тех, кто готов переосмыслить, перестроить, перевести мечту из теории в план; не план «выживания на минималках», а полноценный план жизни в стране, которая предоставляет массу возможностей.

Эта книга для вас, если…
✓ **Вы только приехали в США**

У вас ещё нет стабильной работы; возможно, вы в ожидании разрешения на работу или только оформили номер социального страхования. Вы боитесь допустить ошибки, или не знаете, куда подавать документы, путаетесь в терминах.

Вы задаёте себе вопросы:

- Как получить разрешение на работу?
- Как оформить налоги, если ещё не работал?
- Что делать с медицинской страховкой?
- Как построить кредитную историю?

Для вас в книге — главы о первых 5 годах, пошаговые инструкции по документам, советы по планированию и адаптации.

✓ **Вы живёте в США 1–5 лет, но чувствуете, что застряли**

Вы работаете. Есть статус. Возможно, уже подали на грин-карту. Но вы чувствуете, что будто топчетесь на месте. Кажется, что всё должно быть лучше — но как будто упёрлись в потолок.

Хочется:

- Перейти на другую работу
- Получить профессию, которая будет приносить $70,000+
- Купить дом, но непонятно как
- Зайти в инвестиции, но страшно

Для вас в книге — главы о профессиональной переориентации, карьерной стратегии, бизнесе, о трастах, инвестициях и планировании на 10 лет.

✓ **Вы потеряли ориентиры и хотите перезапустить путь**

Бывает, что уже и статус, и паспорт в кармане, а радости нет… Кто-то ушёл в выгорание, кто-то — в бытовую рутину, кто-то просто не видит «зачем дальше». И тогда наступает то самое внутреннее «а ради чего всё это было?»

Эта книга — как зеркало и навигатор. Вы сможете перепрошить свой путь, расставить новые точки роста, посмотреть по-новому на то, что можно изменить прямо сейчас.

✓ **Вы — семья, ищущая баланс**

Когда вы не один, а с детьми, с супругом(ой), с родителями — всё усложняется вдвое.

Нужно найти школу, получить страховку, купить дом, успевать работать, расти и не сгореть.

В книге — отдельные подсказки для семей: про детское образование, про страховки, про пособия, про стратегии распределения ролей и зон ответственности. Формат книги подстроен под каждого, потому что вы можете читать:

- По темам — если вас интересует конкретный вопрос.
- Системно — если вы только в начале пути.
- Фрагментами — если времени мало, но хочется практической пользы.
- Повторно — если находитесь на новом этапе жизни в США.

Полезность

Вот простой тест. Ответьте себе:

- Я знаю, куда мне двигаться в ближайшие 6 месяцев?
- Мой путь в США сегодня — это движение или "пережидание"?
- Я чувствую себя встроенным в систему, или "живу отдельно от неё"?
- У меня есть план «что, если...» на случай болезни, потери дохода или изменения статуса?

Если вы на любой из этих вопросов ответили "не знаю" — эта книга точно для вас.

Вы не обязаны быть идеальными. Но вы обязаны быть честными с собой и не терять время зря. Эта книга — не для тех, кто хочет только «почитать». Она для тех, кто хочет понять и сделать. А если вы читаете эти строки — значит, что вы уже начали делать.

Бесплатные материалы к этому разделу, которые вы можете найти на сайте Drimusary.com:

➢ **Чеклист для семей** — документы, действия, приоритеты на первом году

➢ **Матрица решений «Учёба — Работа — Бизнес — Статус»** — помогает выбрать направление

➢ **Таблица приоритетов для пары** — если вы вдвоём и не можете договориться, с чего начать

Рекомендованные книги

Книга на русском языке - «**Как упорядочить дела**» — Дэвид Аллен (русский перевод Getting Things Done). Это практическая система, которая помогает выйти из хаоса и построить понятный план действий.

Книга на английском языке - «**Designing Your Life: How to Build a Well-Lived, Joyful Life**» — Bill Burnett & Dave Evans. Бестселлер о том, как пошагово проектировать свою жизнь и карьеру, используя подходы из дизайн-мышления.

Что делать, если в книге нет интересующей вас темы или проблемы?

Эта книга — часть большого пути, и я не ставил себе задачу рассказать всё сразу: жизнь иммигранта в США слишком многослойна, слишком жива, чтобы уместиться в одну обложку. Именно поэтому я выпускаю серию книг — одна за другой, шаг за шагом. Каждая из них раскрывает новые грани, новые этапы в жизни иммигрантов в США, новые вызовы и проблемы; они новы не только для вас, но и лично для меня.

Но если вы уже сейчас не нашли ответа на свой вопрос, это не значит, что его не будет. Это значит, что он ещё впереди. Эта книга — не монолог, а разговор, который продолжается. Знайте, что в этом разговоре есть место и вашему голосу тоже. Мы — на равных.

Если ваша ситуация не терпит отлагательств.

Если вам важно не ждать выхода следующей книги, а получить ответ раньше — вы всегда можете:

- ➢ Зайти на мой сайт www.drimusary.com — там я публикую свежие видео, рекомендации, и дополнительные материалы, которые не вышли в бумаге.
- ➢ Перейти в мой Telegram-канал или YouTube, где я регулярно разбираю конкретные запросы и темы, присланные подписчиками.
- ➢ Записаться на личную консультацию (тоже на сайте www.drimusary.com), где мы разберём ваш вопрос один на один, особенно если ваша ситуация требует деликатного подхода, и вы не хотите обсуждать её публично.

Сайт – **www.drimusary.com**
Ютуб - **www.youtube.com/@redinway**
Телеграмм - **https://t.me/redinway**
Email – **drimusary@gmail.com**

Как построена серия моих книг

Порядок книг	Охватываемый период жизни иммигранта в США	Тема книги / название книги	Примерная дата выхода книги
Книга 1 (эта книга)	2–5 лет в США	Краткая книга **«На пути к Американской Мечте»** — о том, как адаптироваться в США уже после нескольких лет жизни тут	до 1 сентября 2025
Книга 2	до 3 лет в США	**Как получить убежище в США — полное руководство**	до 31 декабря 2025
Книга 3	2–5 лет в США	Полная книга **«На пути к Американской Мечте»** - о том, как адаптироваться в США уже после нескольких лет жизни тут	до 1 июня 2026
Книга 4	Еще не в США	**«Билет в Американскую Мечту»** — о том, как попасть в США	до 31 декабря 2026
Книга 5	1–2 года в США	**«Первые шаги к Американской Мечте»** — о первых двух годах адаптации в США	до 31 декабря 2026
Книга 6	5-15+ лет в США	Полная книга **«Сохраняя Американскую Мечту»** — о том, как нарастить капитал, сохранить благосостояние и выйти на пенсию в США	до 31 декабря 2027

Что дальше?

Помимо основной серии книг об иммиграции, адаптации и о построении жизни в США, я планирую выпустить отдельные книги, посвящённые более узким, но не менее важным темам, например:

- открытие и развитие бизнеса в США,
- инвестиции в США для иммигрантов,
- налоговая оптимизация в США,
- пенсионные счета и стратегии выхода на пенсию в США,
- сравнительный анализ штатов США по налогам, образу жизни и возможностям,
- как защитить активы и подготовиться к передаче наследства в США,
- покупка недвижимости в США,
- создание кредитной истории с нуля,
- как пройти путь от подработок к стабильному доходу в США,
- поиск профессий без лицензии с высокой зарплатой в США,
- личные стратегии финансовой независимости в США для иммигранта,

Некоторые из книг этой серии могут быть написаны в соавторстве с практиками, экспертами и профессионалами в своих областях — будь то налогообложение, финансы, инвестиции, медицина, технологии или бизнес.

💡 Предложение партнерства

Я верю, что сильные и полезные проекты рождаются в диалоге и синергии. Если вы чувствуете, что обладаете опытом, знаниями или историей, которая может помочь другим иммигрантам — напишите мне на мой емейл drimusary@gmail.com или через мой сайт www.drimusary.com. Возможно, именно ваша экспертиза станет частью будущей книги. Мы вместе найдём правильный формат и создадим что-то по-настоящему ценное. Эти книги будут выходить постепенно — и каждая станет практическим, честным и полезным инструментом для тех, кто строит свою Американскую Мечту не вслепую, а осознанно.

Немного о финансах и рекламе.

Я не зарабатываю на самих книгах, потому что их цель не в прибыли, а в максимальной пользе. Эти «фолианты» создаются, чтобы помочь иммигрантам разобраться в сложной системе, избежать дорогостоящих ошибок и выстроить свою жизнь в США с пониманием и уверенностью. Но чтобы этот проект жил и развивался, мне нужен источник устойчивой поддержки. Именно поэтому я открываю возможность для органичного размещения рекламы как в моих книгах, так и на сайте **www.drimusary.com.**

Если вы оказываете профессиональные услуги или продаёте товары в одном или нескольких штатах США — особенно если ваша аудитория включает иммигрантов — напишите мне через сайт **www.drimusary.com** или на емейл **drimusary@gmail.com.** Я предложу формат долгосрочной, уважительной и нативной рекламы, которая будет встроена в книги или сайт, и не исчезнет через неделю. Такая реклама будет существовать столько, сколько будут жить мои книги, а значит — работать на вас годами. Это возможность не просто прорекламироваться, но стать частью проекта, которому доверяют.

Кстати, это предложение актуально и для адвокатов в США, несмотря на то что я сам иду по пути получения адвокатской лицензии в США. Я искренне верю, что партнёрство всегда сильнее конкуренции. Для меня каждый адвокат, готовый поделиться своей экспертизой и помочь читателям — не конкурент, а партнёр, способный изменить чью-то судьбу к лучшему. Если вы разделяете эти ценности — давайте сделаем что-то по-настоящему важное вместе!

Почему эта книга написана именно сейчас?

Когда я только начинал принимать клиентов здесь, в США, ко мне пришла одна женщина. Звали её Татьяна. Приехала из Одессы по гуманитарному паролю, с двумя детьми. Работала в клининге по вечерам, днём — сидела с малышами. Она пришла на консультацию, потому что услышала, что я тоже был в похожей ситуации. Мы говорили больше часа. Она плакала. Не потому, что ей не хватало денег или одежды, а потому что у неё не было понимания, как жить дальше. Она говорила: «Я просто хочу, чтобы кто-то взял меня за руку и сказал: вот это — первый шаг. Вот это — второй. Вот здесь можно ошибиться, а вот тут лучше не экономить. Мне не нужна пустая мотивация. Мне нужны инструкции.» И тогда я впервые по-настоящему понял, зачем мне надо написать эту книгу. Не чтобы кого-то вдохновить пустыми словами и обещаниями «американской мечты», а чтобы кому-то, кто уже решился, кто уже тут — дать реальный, структурированный, пошаговый маршрут. (Хм-м… «Книга-маршрутизатор»! Уверен, она оправдает этот гордый термин).

История создания этой книги

Она не появилась за одну ночь упорного писательского труда. И даже не за один месяц. Я начал писать её «в голове» ещё в 2023 году, когда понял, что большинство людей теряют — просто теряют! — первые годы в США просто потому, что никто не объяснил, как здесь всё устроено. Я сел за ее написание весной 2024 года, когда ещё учился в колледже Такомы. Несмотря на то, что я давно не садился за написание художественных текстов, слова сами лились из меня. Это было похоже на исповедь на бумаге. Иногда я начинал писать и терял счет времени. В таком писательском марафоне проходило по 9–10 часов, пока меня не возвращала в чувство вернувшаяся домой супруга. Но я просто не замечал бега времени, потому что чувствовал, как мне становится легче с каждой написанной строчкой и страницей. Поэтому, наверно, эта книга — форма моей психотерапии, ведь кроме своей собственной судьбы (и ее однозначной витиеватости), я разделяю судьбы сотен тех, кто обращался ко мне с советами и просьбами о помощи.

С момента, как я начал думать о написании книги, прошли десятки, если не сотни встреч с клиентами, были прочитаны тысячи личных сообщений в Telegram, выложены десятки снятых мной видео на моем канале YouTube. И каждый раз мне приходилось объяснять людям одно и то же с нуля: как платить налоги, как строить кредитную историю, как открыть бизнес, как подать на разрешение на работу. Как не потерять шанс или как сэкономить часы и месяцы жизни. Как не потерять годы…

В какой-то момент, я начал выписывать самые частые вопросы, ошибки, фиксировать стандартные тупики, с которыми сталкиваются иммигранты. Потом начал оформлять это в инструкции и главы с примерами и историями. Отнюдь не только с чужими — с моими личными провалами и полезностями. И вот перед вами — не просто книга, а настоящая "путевая карта" адаптации в США.

Для кого эта книга?

➢ Для тех, кто только приехал и не знает, с чего начать
➢ Для тех, кто уже живёт в США, но чувствует, что буксует на месте
➢ Для тех, кто хочет переквалифицироваться, получить новую профессию, подать на статус
➢ Для тех, кто думает, что опоздал
➢ И особенно — для тех, кто просто хочет понять, как устроена жизнь в Америке: без пафоса, без розовых очков, но с реальными инструментами

Если вы:
➢ Сами заполняете документы
➢ Сами ищете работу
➢ Сами ведёте свои финансы
➢ Хотите открыть бизнес, но не знаете, с чего начать
➢ Или просто хотите научиться двигаться здесь уверенно и без страха
— эта книга написана для вас.

Что в ней есть, чего нет в других источниках?

✓ Мой личный опыт.

Я пишу о том, что сам прошёл. Я не пересказываю истории блогеров, статьи из USCIS или IRS. Я говорю, как это выглядит на практике — с очередями, ошибками, письмами, сроками и бюрократией.

✓ Честный тон.

Вы не найдёте здесь мотивационных лозунгов без пользы. Только правду. Иногда жесткую, но честную. Иногда неудобную, но нужную для вашего личного развития.

✓ Полезности к каждой главе и каждом разделе.

Вы не просто прочитаете текст — к каждой главе приложены полезные шаблоны, документы, списки. Если у вас в руках эта книга — вы сможете бесплатно скачать все эти документы на моем сайте **www.drimusary.com**

✓ Стиль, понятный каждому.

Если вы плохо знаете язык, не учились на юриста и боитесь бюрократии — эта книга всё равно будет вам понятна. Я специально писал её так, чтобы её могла прочитать даже русскоязычная бабушка из Сакраменто. Поверьте, мне это давалось непросто, ведь я практически весь свой сознательный жизненный путь говорю на языке законов, норм и правил.

✓ Фокус на системность.

Вы узнаете, как выстроить свою личную стратегию на 1, 5 и 10 лет — не в духе «мотивационных тренингов», а по-настоящему.

Полезность

Сделайте сейчас одну простую вещь. Возьмите лист бумаги и напишите: «Что мне нужно от Америки?» Потом — «Что Америка требует от меня, чтобы это дать?» Сопоставьте. Если увидите разрыв — именно эта книга поможет вам его сократить.

К сожалению, я не могу пройти этот путь за вас. Но я могу показать, где поворот, где яма, где короткая дорога, а где тупик. И если хоть одна глава этой книги сэкономит вам хотя бы неделю вашей жизни — значит, она была написана не зря.

Бесплатные материалы к этому разделу, которые вы можете найти на сайте Drimusary.com:

➢ «10 ошибок, которые делают 9 из 10 иммигрантов»
➢ PDF «Шаблон стратегии развития на 5 и 10 лет»
➢ Трекер «Путь к Американской Мечте» — отмечайте свои шаги каждую неделю

Кто автор этой книги, и почему ему можно доверять?

Меня зовут Егор. И я такой же иммигрант, как и вы. Я приехал в США с семьёй в 2023 году. У меня за плечами был 10-летний опыт в юриспруденции, была своя юридическая компания в СНГ: команда, бренд, клиенты. А в США я оказался в ситуации, где моё образование не признаётся, язык недостаточно свободный, работы нет, связей — ноль, двое маленьких детей, съёмная квартира и куча страхов. Через месяц после приезда я пошёл на курсы ESL в колледже Такомы. Потом — на программу Paralegal Pro Certificate в том же колледже, которую прошёл за 14 месяцев, закончив со средним баллом 3.9 из 4. В августе 2024, в месяц окончания программы Paralegal, я начал учёбу в Seattle University School of Law — и закончил программу LL.M. (юридическая магистратура) за 10 месяцев (вместо 2 лет), со средним баллом 3.81 и Pro Bono Pledge Award (награда за особые заслуги в служении другим, награждены не более 5 человек из примерно 400 выпускников 2025 года). Учился я на гранты и стипендии — суммарно $65,000, которые сам нашёл и оформил. Параллельно — работал. Сначала бесплатно, чтобы набраться опыта, а потом на двух работах сразу. Одновременно с этим я вёл блог, отвечал на вопросы, создавал материалы, поднимал практику. Так я построил свою профессиональную работу в США без стартового капитала и связей.

Айсберг из моих ошибок, скрытых от глаз

Были проблемы и были ошибки. Были приемы у психолога и нервные срывы. Сразу после приезда, я впервые подавал мою личную форму I-765 с неправильным адресом и ждал дополнительно несколько месяцев разрешения на работу в США. Я заплатил штраф за просрочку отчётности LLC. Я жил первые 5 месяцев, не имея Social Security. На меня нападали агрессивные жители моего штата и угрожали мне (за то, что они попали на видео, которое я снимал для моего блога). В первый год жизни в США я совершил десятки стратегических ошибок, которые вы теперь сможете избежать. Я не пишу эту книгу с высоты пьедестала. Я пишу её из окопов моей иммигрантской реальности. Я был в очередях на 4 часа и испытывал панический страх, что не успею вовремя продлить статус — поэтому я знаю, что вы чувствуете. И именно поэтому я имею право делиться этим опытом.

Почему мне можно доверять?

Потому что я ничего не скрываю. Я показываю и ошибки, и страхи, и провалы. Потому что я не «продавец надежды» — я системный человек, который верит в инструкции, логику, документы и последовательные действия. И потому что уже сотни людей, которые обратились ко мне, смогли:

- ➤ получить статус
- ➤ оформить разрешение на работу
- ➤ начать карьеру
- ➤ адаптировать профессию
- ➤ открыть бизнес
- ➤ защитить свои права
- ➤ и просто — почувствовать, что они в США не одни.

Полезность

Вот простой приём, который я советую применять каждому, кто сомневается в себе: Сделайте «инвентаризацию своего пути».

Напишите:

- ➤ Сколько месяцев назад вы приехали?
- ➤ Что уже сделали? (документы, работа, жильё, язык)
- ➤ Какие ошибки допустили? (и что из них поняли?)
- ➤ Что вы хотите исправить в ближайшие 3 месяца?

Помните, что признание ошибок — это не поражение, а точка роста. Вам не нужно быть идеальным. Вам нужно быть честным с собой, и учиться на чужом опыте, а не только на своём.

Да, я не идеальный, но зато я настоящий. И если вы хотите не просто вдохновения, а инструкций, проверенных на практике, — я с вами, плечом к плечу, на пути к моей и вашей американской мечте.

Бесплатные материалы к этому разделу, которые вы можете найти на сайте Drimusary.com:

- ➤ Таблица "Ошибки и выводы" — чтобы превращать каждый провал в рост

Что вы получите из этой книги?

Я хорошо помню Марию — женщину, с которой мы познакомились на одном иммигрантском мероприятии, когда я только приехал в США. Ей было около 45 лет, она переехала из Самары по семейной линии, с мужем и сыном-подростком. В России у неё был опыт в бухгалтерии, в США — временная подработка в магазине мебели. Когда мы разговаривали, она произнесла фразу, которую я не забуду: «Мне не нужна очередная консультация. Мне нужна система. Мне нужно, чтобы кто-то разложил по полочкам: что, где и когда. А не просто говорил "всё будет хорошо".» Через год я узнал, что Мария развелась и уехала обратно. Причина? Не справилась. Не смогла "встроиться". Не знала, куда идти, кого слушать, с чего начинать. Она однозначно не была глупой. Просто была одна в мире, где всё работает по другим правилам.

Поэтому эта книга — не про теорию, а про то, как выжить, вырасти и встроиться в новую жизнь, если вам никто не объяснил, как. Я пишу её не потому, что я всё знаю, а потому, что я сам нуждался в такой книге — и не нашёл.

Что вы найдёте в этой книге:

✓ **Практические знания, а не "размышления"**
  ➢ как заполнить документы
  ➢ как получить разрешение на работу
  ➢ как подтвердить профессию
  ➢ как объяснить свою квалификацию на собеседовании
  ➢ как составить план на 1–5–10 лет
✓ **Алгоритмы "на пальцах"**

В каждой главе — пошаговые действия, как делать то или иное. Без бюрократических оборотов, без юридической болтовни.

Пример 1: хочешь открыть LLC? → Шаг 1: куда зайти, Шаг 2: сколько стоит,

Пример 2: нужно перевести диплом? → Кому, за сколько, как проверить, что подойдёт.

Пример 3: хочешь подать на разрешение на работу? → Какие формы, где взять, что писать, куда отправлять, как отслеживать.

✓ **Предупреждение об ошибках**

Я не просто покажу, что делать. Я расскажу, где делают ошибки 9 из 10 человек — и как этих типовых ошибок избежать. Это сэкономит вам годы, деньги и нервы.

✓ **Поддержку, когда вам захочется всё бросить**

Я пишу честно — бывали дни, когда я не мог встать с кровати. Когда я слышал «We'll get back to you» и понимал, что это отказ. Когда мой ребёнок спрашивает: «А почему мы не поехали в отпуск, как мои одноклассники?» — а мне было нечего ответить. Именно для таких дней я включил в книгу главы, которые не только обучают, но и поддерживают. Вы поймёте, что вы не одни. Что ваш путь уникален — и не уникален одновременно. А значит, вы не сбились. Вы просто готовитесь к прыжку вперед.

✓ **Карту возможностей**

Да, Америка не даёт гарантий, но она даёт выбор. Если вы хотите быть наёмным работником — здесь можно достичь небывалых высот в корпоративном секторе. Хотите открыть бизнес — можно стать вторым Илоном Маском. Вы же помните, что он тоже иммигрант, причем относительно недавний? Хотите пойти в армию — вы можете получить лучшие в мире бенефиты и поддержку государства, с которой можно забыть об аренде, медицинских счетах и многих других проблемах. Вы видели в объявлениях о продаже недвижимости такую строчку: «Возможная цена для военнослужащих армии США — $0», поражались этой возможности? А как её получить и реализовать — знаете? Постараюсь рассказать в этой и последующих книгах.

В каждой теме будут и реальные маршруты и мотивация. Эта книга не сделает за вас работу, но она убережёт вас от бессмысленной траты времени. Она не даст вам всё — но даст карту, по которой вы сможете пройти, даже когда кажется, что вокруг темно, тихо и пустынно. Вы не одни. И путь уже проложен. Осталось сделать первый шаг.

Что значит «на пути к Американской Мечте»?

Я переехал в США не как турист и не по прихоти. В России у меня была стабильная юридическая карьера, уважение, клиенты, своя компания. Но я видел, как российские законы превращаются в инструмент страха и наказания несогласных. Мог ли я пойти по пути еще одного политического заключенного, если бы начал максимально активно противостоять системе? Конечно мог. Но кому это принесло бы пользу? Моей семье? Моим клиентам? Да, я не молчал. Да, я открыто выступал против войны между Россией и Украиной и поддерживал и продолжаю поддерживать тех, кто борется за свободную Украину и свободную Россию. За это мне угрожали. И в какой-то момент я понял: если я не хочу оказаться в жерновах репрессивной политической машины — мне нужно уезжать.

Так я переехал в США с семьёй. У меня не было богатых родственников, готовых всё устроить. Было одно — понимание, что всё придётся начинать с нуля, вера в Бога и молитвенная поддержка моих родных. Новый язык, новая система, новые правила и ломящий спину груз ответственности — не только за себя, но и за жену, и за двоих маленьких детей.

Мосты были сожжены, поэтому я не стал сидеть и ждать, а пошёл учиться. Через месяц после приезда я записался в Колледже Такомы на курсы английского, как второго языка (ESL). Закончил эти курсы спустя один семестр и сразу же решил идти на курс Paralegal Pro-Certificate в том же колледже. Чтобы вы поняли всю комичность и плачевность ситуации – в России я был юристом, руководителем небольшой юридической компании с командой и брендом, а здесь я не мог устроиться на работу даже как Paralegal (помощник адвоката), потому что у меня не было никакого американского формального образования. (Узнали себя? Например, если вы — хирург-ортопед с десятилетним стажем, а вас тут не берут даже в парамедики? Вы бывший главред газеты, а максимум, что вам доверяют здесь — выгуливать чужих собак? Узнали…? Мы с вами одной крови, как говорил Киплинг. Мотивировать вас не стану: лучшая мотивация — ваша семья, ваше желание изменить ситуацию. Просто помогу, описав свой путь, свои этапы его прохождения).

Я лез из кожи вон, и закончил двухгодичную программу за 14 месяцев. И не просто закончил, а сдал все предметы только на «А» (пятерки) со средним баллом 3,9 из 4 максимальных. В том же месяце как я закончил обучение в колледже, я начал учебу в Seattle University School of Law на юридической магистратуре (LLM in American Legal Studies). И снова вместо 2 лет, предусмотренных на окончание этой программы, я заканчиваю ее в течение 10 месяцев со средним баллом 3.81 из 4 и получаю Pro Bono Pledge Award.

Вы, наверное, подумали, что у меня было много денег, что я позволял себе «не работать» и погрузиться в учебу? Отнюдь. Параллельно с учебой, я работал как помощник адвоката на нескольких адвокатов, чтобы как-то прокормить семью. Первые шесть месяцев я работал вообще бесплатно просто ради того, чтобы меня взяли на работу как помощника адвоката. Я выиграл несколько целевых учебных грантов и привлек средства в общем размере 65 000 долларов, что помогло мне почти целиком оплатить все мои расходы на образование.

Я создал блог в Телеграме и на Ютубе, и начал рассказывать, объяснять, делиться опытом. Я знаю, каково это — быть в чужой стране, в подвешенном статусе и без внятных ответов. Поэтому я делаю всё, чтобы у других путь был чуть легче, чем у меня. Я пишу книги, создаю инструкции, перевожу сложное на понятный язык.

Я не говорю, что я добился всего. Но я точно знаю: я на пути к своей Американской Мечте. И если вы читаете это — значит, вы тоже на этом же пути. И, я приглашаю вас вместе со мной пройти этот путь плечом к плечу. Со своей стороны я обещаю, что каждая моя книга, которая будет выпущена для моих дорогих читателей, станет не пустым набором мотивирующих установок, пафоса и «воды», а квинтэссенцией опыта, практики и полезности. В этой моей книге, как и во всех последующих, я буду в кратких историях знакомить вас с людьми, с которыми я столкнулся здесь, в США, и рассказывать их истории.

Что вообще значит «американская мечта»?

Когда я только переехал в США, я познакомился с Владимиром. Он был старше меня лет на двадцать и приехал сюда ещё в 1996 году. В родной стране он был инженером-строителем, а здесь устроился на стройку; начал с простого разнорабочего, а потом открыл свою маленькую компанию по ремонту домов. Так как мы жили в одном комплексе апартаментов в Такоме, то мы иногда встречались во дворе и разговаривали о наших таких похожих проблемах и успехах. Он однажды сказал мне: «Самая большая ошибка — думать, что американская мечта — это что-то, что ты получаешь. А потом сидишь и радуешься. Нет. Это то, к чему ты идёшь каждый день. Путь — это и есть мечта».

Через год я узнал, что у Владимира отобрали дом. Он не платил налоги, потому что думал, что его LLC прикроет его личные долги. Он не заполнял отчёты, не вёл бухгалтерию, работал «по наитию». Никто не объяснил ему, что в США путь к мечте лежит не только через труд, но и через знание правил. И если вы не знаете этих правил — вы не на пути к мечте. Вы просто идёте вслепую.

Вообще, исторически, идея про «Американскую Мечту» состояла в том, что каждый — независимо от своего происхождения, цвета кожи, пола, религии — может добиться успеха. Это формулировали ещё в 1931 году, когда Джеймс Труслоу Адамс писал: «…жизнь должна быть лучше, богаче, полнее для всех, с возможностью для каждого достичь того, чего он способен достичь…»

Со временем «американская мечта» приобрела конкретные черты для самих американцев:

- собственный дом в США, с выплаченной ипотекой;
- стабильная работа с понятным карьерным и зарплатным ростом;
- возможность 1–2 раза в год ездить всей семьей в солидный отпуск;
- растущий пенсионный счет и понятное пенсионное будущее;
- возможность дать детям лучшее в мире образование;

Но сегодня, особенно для иммигранта, мечта не всегда начинается с порога собственного дома с газоном. Для кого-то — это легальный статус. Для кого-то — работа на любимой работе. Для кого-то — возможность подать на синий паспорт, чтобы никогда больше не зависеть от чужих решений.

Почему путь важнее результата?

Потому что в Америке ничего не даётся раз и навсегда. Получили работу — её можно потерять. Получили грин-карту — её можно лишиться. Купили дом — его могут отобрать, если не платите налоги. Даже получили гражданство через натурализацию — его тоже можно лишиться (правда, это очень сложная и маловероятная процедура денатурализации). Поэтому настоящий смысл мечты в том, чтобы уметь все время двигаться вперед, адаптироваться и расти.

В данном случае, американская мечта — это как лестница, и эта лестница не имеет конца, но имеет начало. Да: ни я, ни вы не обязаны знать всё с самого начала. Но если вы действительно хотите добиться в США чего-то кроме «синего паспорта», то вы обязаны научиться развиваться: с открытыми глазами, с пониманием правил, с уважением к своей собственной истории.

Как меняется мечта иммигранта в США со временем?

Вы удивитесь, насколько сильно она меняется. Вот как она выглядит на разных этапах:

Этап	Мечта
Первый год	Получить работу, выжить
2–3 года	Получить легальный статус в США
4–5 лет	Образование, переквалификация, свой бизнес
6–10 лет	Гражданство, инвестиции, недвижимость, образование для детей
15+ лет (ближе к пенсии)	Структуризация активов в траст, релокация во вторую страну, формирование наследства

Вы уже на пути — просто, возможно, не видите этого. А путь — это не просто движение. Это действия, документы, выборы, страхи и победы.

34

Полезность

Если вы не знаете, с чего начать свой путь — начните с карты маршрута. Прямо сейчас, на листе бумаги, да хоть на салфетке, ответьте на три вопроса:

1. Что значит Американская Мечта — для меня лично?
2. В какой точке я нахожусь сейчас? (статус, работа, жильё)
3. Где я хочу быть через 5 лет и 10 лет?

Сопоставьте это со своими ресурсами и начните планировать. Именно планировать свой путь, а не абстрактно мечтать о ванильных замках.

Американская Мечта заключается не в фейерверках на 4 июля, не в дорогих и крутых машинах и даже не в синем паспорте.

Обратили внимание на то, что я пишу оба слова с заглавной буквы? Это не просто речевой оборот — она заключается в том, что вы действительно можете стать тем, кем мечтаете быть, если готовы пройти этот путь. А пройти — это значит: учиться, ошибаться, вставать, заново разбираться и продолжать путь. И если вы сейчас держите в руках эту книгу — вы уже сделали первый шаг не просто к мечте, написанной с заглавной буквы, а к вполне ОСУЩЕСТВИМОЙ МЕЧТЕ. Именно слово «осуществимая» нужно писать с большой буквы. Будете просто мечтать — не достигнете, начнёте пошагово осуществлять — и она ваша.

Бесплатные материалы к этому разделу, которые вы можете найти на сайте Drimusary.com:

➢ "Моя Американская Мечта" — шаблон карты целей

Рекомендованная книга на английском языке - «**They Call It the American Dream: The Life and Times of Carlos Montoya**» — Carlos Montoya (2022).

Автобиографическая история иммигранта, который прожил все этапы: от борьбы за легальный статус и первых работ до бизнеса, инвестиций и передачи наследия. Отлично иллюстрирует, как мечта меняется с годами, и что путь требует знаний и дисциплины.

Первые 5 лет в США: как не свернуть с пути?

 Когда я только начал адаптироваться в США, я познакомился с Михаилом. Он переехал из Беларуси, был там программистом, здесь получил политическое убежище, и первое время даже хорошо устроился: снимал квартиру, нашёл проект на Upwork, подтянул английский. Через год он взял машину в кредит (Honda CR-V за $28.000), а потом начал задумываться о покупке жилья в кредит. На первый взгляд — всё шло отлично. Но на третий год всё, что якобы шло, начало рушиться. Клиенты ушли, из-за налогов он оказался должен $12.000 налоговой службе США, а кредитная карта была под завязку. Михаил по инерции продолжал жить так, будто всё «устаканится». Он не откладывал, не искал постоянную работу, не учил законы, не строил долгосрочный план. Просто мчал вперёд по жизни на автомате. А потом выгорел: продал машину, съехал в жилой basement (подвал) к знакомым и сильно замкнулся.

Через полгода мы случайно встретились, и он сказал мне фразу, которую я иногда вспоминаю: «Приехав в США, я думал, что выиграл билет в лучшее будущее. А оказалось, что это был только входной билет в забег, который оказался без конца и победителя». И знаете что? Он был прав.

Почему первые 5 лет — это психологическая точка невозврата?

Потому что именно в первые пять лет после переезда в США закладывается всё. Абсолютно всё. И если вы поддадитесь иллюзии, что «всё ещё успеется», или что «можно пока пожить как получится», вы рискуете потерять не годы, а десятилетия. А в США даже всего-навсего один потерянный год бьёт больнее, чем можно себе представить.

Если вы сумеете пройти эти 5 лет с ясной головой и крепким внутренним стержнем — дальше будет легче. Нет-нет: не «совсем легко». Всего лишь легче, потому что появится база: окружение, навыки, история.

Вот что обычно происходит в эти первые 5 лет:

Год	Основной фокус	Основные риски
1-й	Адаптация, статус, жильё, работа	Жить в «режиме ожидания», не видеть перспектив
2-й	Поиск стабильности, первые налоги, документы	Ошибки с налогами, кредиты без расчёта
3–4-й	Переобучение, язык, попытка расти	Выгорание, потеря фокуса, ощущение «я не справляюсь»
5-й	Подача на грин-карту, гражданство, смена профессии	Неправильные шаги, отказ от цели, бег по кругу

Типичные ловушки и заблуждения новичков

Я собрал список из того, что слышал от своих знакомых, клиентов, подписчиков и друзей — и из того, через что прошёл сам:

1. «Главное — это статус. Остальное как-нибудь потом»

 Ошибочное убеждение. Многие получают статус — и остаются у разбитого корыта: ни профессии, ни кредитной истории, ни денег.

Что делать: параллельно с ожиданием статуса нужно строить твёрдую базу — учить и учиться (как английский язык, так и профессионально), строить кредитную историю, искать легальные подработки. Не надо ждать убежища / гринкарты / гражданства. Это может занять многие годы ожидания, которые потом никто не вернет.

2. «Америка всех спасёт»

 Нет. Америка ничего не обещает: она предоставляет возможности. Здесь работает закон и труд. Но если вы ждёте, что кто-то что-то даст — вы окажетесь в числе разочарованных.

Что делать: перестаньте ждать. Начинайте действовать каждый день и системно.

3. «Я же и так уже вырвался — можно выдохнуть»

 Нельзя. Вы вырвались из атмосферы, которая вам представлялась удушливой (или на самом деле была таковой), вы вырвались из невозможности открыто, без прогибов под властные структуры вести бизнес — и вы

представляете, что, достигнув молочных рек и кисельных берегов Америки можете ну хоть немного расслабиться? А как вести свою лодку в молочной реке вы знаете? А как взобраться на кисельный берег? А как ступить на него и не завязнуть? В условном «там» было плохо. А в реальном «здесь» — трудно. Непросто, если считаешь, что главное было «вырваться оттуда, а тут можно и немного успокоиться». Самые большие ошибки совершаются после первого облегчения.

Что делать: после получения легального статуса — ускориться, а не расслабиться. Потому что, как бы это грустно не звучало, теперь вас допустили к настоящей гонке без финиша и победителя.

4. «Я делаю всё правильно, но всё равно нет результата»

 Возможно, вы не учитываете правила игры. Здесь многое решает долгосрочное планирование и постоянное изучение нового.

Что делать: не просто «работайте» — планируйте учебу / старость / бизнес. Здесь все делается заранее. Постоянно читайте новое (особенно читайте книги на английском) и улучшайте свои навыки.

5. «В США можно не работать и тебя будут содержать»

 Ошибочное убеждение. Да, при низком доходе государство действительно может временно помогать — продуктами, страховкой, пособиями TANF и Basic Food. Но эта помощь ограничена по времени (не более 60 месяцев в течение жизни) и не делает вас свободным. За 3–5 лет прозябания на социальных выплатах можно потерять куда больше, чем получить денег: опыт, энергию, карьерные перспективы.

Что делать: если вы получаете помощь от государства, то воспринимайте ее как временную передышку, а не как стиль жизни. Используйте это время для переобучения, получения новой профессии, освоения английского, поиска точек роста.

6. В США можно будет вообще не работать

 Это миф даже не на сто процентов, а на тысячу, потому что Америка — не страна для ленивых. Почти каждый, кто достигает здесь чего-то, вкладывает усилий в два раза больше, чем в своей родной стране. Когда я приехал в США, я работал больше, чем когда-либо в России: 10–11 часов в день, включая выходные. Это была моя личная гонка, но для многих — похожий путь.

Что делать: будьте готовы к тому, что здесь придётся работать усердно, особенно в начале. Помните, что если вы включитесь в процесс — со временем он начнёт работать на вас, и со временем вы научитесь зарабатывать не только трудом или умом, но и стратегией.

Как не выгореть и не потерять себя?

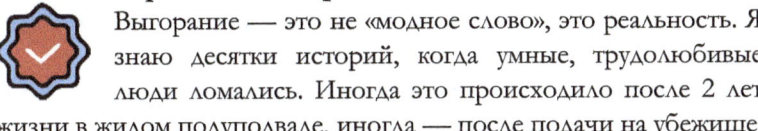 Выгорание — это не «модное слово», это реальность. Я знаю десятки историй, когда умные, трудолюбивые люди ломались. Иногда это происходило после 2 лет жизни в жилом полуподвале, иногда — после подачи на убежище, иногда — от изоляции и непонимания того, что же делать дальше.

Чтобы не выгореть:

➢ Не сравнивайте себя с другими, особенно в первые 3 года.

➢ Ставьте короткие цели. Не «куплю дом», а «отложу 20 000 долларов на первоначальный взнос», не «начну учиться в колледже», а «закончу N курс за 12 месяцев».

➢ Находите «своих». Это могут быть соседи, церковь, комьюнити, чаты, потому что без окружения тяжело. Говоря про «своих», я не имею в виду именно и только русскоязычных. Ищите людей любого языка и вероисповедания, которые разделяют ваши жизненные ценности, ваши хобби, ваши устремления.

➢ Разделяйте жизнь и статус. Ваш статус в стране — это не вы. Вы — это то, что вы делаете каждый день.

➢ Попробуйте попить легальные витамины (но проконсультируйтесь с врачом). Например, я до сих пор пью витамины B6, B12 и прочие.

➢ Учитесь праздновать маленькие победы. Открыли банковский счёт? Вы уже молодец. Получили SSN? Отлично. Нашли работу на W-2? Это — скачок вперед.

Полезность

Если вам сейчас тяжело — заведите «Дневник Пути». Это может быть обычный блокнот или документ в телефоне. Каждый день записывайте:

➢ Что я сегодня сделал, чтобы приблизиться к своей цели?

➢ Что было трудным, но я справился?

➢ Что хочу сделать завтра?

Это занимает 3–5 минут. Но через год вы посмотрите — и поймёте, какой путь уже пройден. И это даст вам силы идти дальше. Возможно, на основе этого Дневника вы сможете написать свою книгу.

Первые 5 лет — это не время для паники или расслабления. Это фундамент и время, чтобы качественно пустить корни в новой земле. Да, вы не обязаны знать всё. Но вы обязаны держаться и учиться. И знайте: если вы уже здесь — значит, вы сильнее, чем вам кажется. И вам по силам пройти этот Путь до конца. Обратите внимание: путь, как и американскую мечту, я пишу с заглавной. Путь, с большой буквы «П»: потому что он труден, он долог, он требователен — и потому что вы получите то, о чём мечтаете благодаря его прохождению. Избранный вами Путь вознаградит вас.

Бесплатные материалы к этому разделу, которые вы можете найти на сайте Drimusary.com:

➢ "Первые 5 лет" — карта адаптации — пошаговый план, что желательно сделать в каждый год после приезда

Рекомендованные книги

Книга на русском языке - **«Выгорание. Как распознать и восстановить силы»** — Эмили и Амелия Нагоски (русское издание 2021 года). Бестселлер, который помогает понять механизмы эмоционального истощения.

Книга на английском языке - **«Set Boundaries, Find Peace: A Guide to Reclaiming Yourself»** — Nedra Glover Tawwab (2021). Бестселлер The New York Times о том, как сохранять психологическое здоровье в условиях перемен.

Как стать «своим» в США?

 Когда я только начинал строить свою жизнь в США, я познакомился с Артёмом. Мы увиделись на одной волонтёрской встрече для новых иммигрантов в Такоме. Он был из Москвы, айтишник, с хорошим английским и прекрасными теоретическими знаниями о США. Через два месяца после приезда он уже знал, где искать работу, получил грин-карту, открыл счёт в банке и даже купил машину в кредит. Но потом — как будто застопорилось. Он не находил друзей, на работе чувствовал себя чужим, каждое общение с американцами вызывало в нём напряжение. Он говорил: «Вроде бы я всё делаю правильно — работаю, плачу налоги, говорю по-английски. Почему же я всё равно чужой?». Проблема была не в языке и не в паспорте. Проблема была в идентичности. Артём так и не захотел стать частью этой страны. Он не участвовал в жизни своего комьюнити, не ходил на BBQ (шашлыки), не задавал вопросов на собраниях homeowner association (аналог собрания жильцов в поселке), не шутил на английском. Он был «внешне встроен», но внутренне — изолирован. Через два года он уехал обратно и написал мне: «Это не моя страна». А на самом деле — он даже не попытался дать ей шанс стать «его страной».

Что значит «быть своим»?

Вы не станете на 100% «своим», когда получите работу в американской компании. И не станете своим, когда купите дом. И даже не тогда, когда получите американский паспорт. Быть «своим» — это когда вас не пытаются понять, потому что уже понимают. Когда вы «на одной волне».

Это когда вы:

➢ Не боитесь говорить с соседом, полицейским или учителем своих детей;

➢ Умеете вежливо защищать себя в диалоге со злобным соседом;

➢ Понимаете, что значит "I appreciate it";

➢ Смеётесь над местными мемами;

➢ Умеете проводить small talk в очереди в банке, не чувствуя фальши;

➤ Не думаете каждый день о том, как вас воспринимают — потому что вас уже воспринимают нормально

Как формируется новая идентичность?

Моя старая идентичность была чётко выстроена: юрист, руководитель, человек слова. А в США я первое время был «мужик с акцентом, какой-то слишком вежливый и задаёт много вопросов». И я не сопротивлялся. Я решил: раз я здесь — я не буду насаждать свой образ. Я буду находить мосты между мной «прежним» и мной «текущим».

Вот что помогает:

➤ Учите не просто язык, а культурные контексты.
➤ Выучить "thank you" — это не значит понять, как его честно сказать.
➤ Разбирайтесь в сленге, интонациях, фразах из сериалов. Смотрите не только "Breaking Bad", но и «Modern Family», «Friends», «The Office».

Ходите на «свои» мероприятия.

Участвуйте в родительских собраниях, общих BBQ, митингах у здания школы. Голосуйте, если вы имеете на это право. Выходите на митинги и политические шествия, если ваш иммиграционный статус это позволяет. Это и есть Америка. Даже если вам неуютно — идите. Это как спортзал: сначала тяжело, потом — привычка, потом — кайф.

Не бойтесь меняться

Это не предательство своей прежней культуры, а развитие. Вы не обязаны забыть, кто вы, но если хотите вписаться — вам нужно стать гибче. И быть больше как вода, а не как бетон.

Социальные и профессиональные маркеры «своего»

Хочу, чтобы вы запомнили одну простую мысль: «свой» — это не гражданство. Это восприятие. Вот как вас считают:

Социальные маркеры:

➤ Есть SSN и банковский счёт? Уже неплохо.
➤ Есть ребёнок в местной школе? Еще лучше.
➤ Участвуете в PTA (ассоциации родителей)? Ого!

➢ Проголосовали на последних президентских выборах? Пожалуй, вы уже американец.

➢ Отслужили в армии США или состоите в армейском резерве? Скорее всего, американец проголосует за вас на пост в местный городской совет.

Профессиональные маркеры:

➢ Упоминаете, что подали налоги вовремя и не скрываете доходы? Доверие растёт.

➢ Разбираетесь, чем W-2 отличается от 1099? Отлично.

➢ Подтвердили свою профессию в США или прошли местное обучение? Вы уже в игре.

➢ Говорите: "Let me get back to you on that" вместо "I'll tell you later" — и с вами начинают разговаривать иначе.

Ошибки, которые мешают вписаться

1. **«Я буду оставаться собой, и они должны принять меня таким».**

Это красивая мысль. Но, во-первых, она не работает. Америка — это микс. И здесь уважают тех, кто готов идти навстречу. А во-вторых: если вы планируете стать одиночкой, у вас уже должен быть очень солидный счёт, уже должен быть дом, у вас не должно быть работы (ни один коллектив ни в одной стране не потерпит одиночку), ну и, наверное, вокруг вашего дома должен быть высокий забор. Вы к этому стремились, переезжая в США?

2. **«Я не хочу дружить с американцами — мне хватает наших».**

Это опасный путь. Потому что через пару лет вы окажетесь в закрытом пузыре, где ни статуса, ни движения, ни роста. Слышали байки о Брайтон-бич и тамошних бабушках, иммигрировавших ещё в 80-е, и до сих пор не желающих говорить на английском? Это не байки. Это очень стойкое комьюнити (сейчас, правда, уже распадающееся), члены которого не хотели… ничего. И получили в Америке маленькую Одессу. Маленький Ленинград. Маленький Житомир… Смысл их переезда не вполне понятен мне, как человеку, который к чему-то стремится.

3. «Я не люблю делать вид — я за искренность!».

Small talk — это не лицемерие, а вежливая смазка общения. Научитесь этим пользоваться — и двери начнут открываться.

Помните замечательный афоризм: «Ничто не обходится нам так дёшево и не ценится так дорого, как вежливость»

Пара вежливых ответов на вопросы соседа, скучающего в очереди — и случайно встретив вас через неделю, он расплывётся в улыбке и приветственно помашет рукой, а встретившись ещё через неделю на соседском BBQ вы уже будете обсуждать что-то общее — вы станете членом комьюнити, вы станете «своим».

Полезность

Если вы хотите «вписаться» — начните вести Дневник адаптации. Каждую неделю отмечайте:

➢ Что я сделал, что приблизило меня к тому, чтобы стать своим?

➢ С кем я познакомился?

➢ Что нового я понял про американскую культуру?

А ещё — заведите правило: раз в неделю — одно «неудобное» социальное действие.

Пример: поздоровались первыми с соседом, вступили в разговор в магазине, пошли на встречу с родителями в школе.

Быть своим — это не значит забыть, откуда вы: это значит быть в состоянии наводить мосты. Америка не просит от вас отказаться от корней, но она точно уважает тех, кто умеет расти. И, если вы сделаете хотя бы один шаг навстречу — вы удивитесь, как много дверей может открыться.

Бесплатные материалы к этому разделу, которые вы можете найти на сайте Drimusary.com:

➢ Шаблон «Мои социальные точки роста» — удобно отмечать свой прогресс

➢ 10 сериалов и подкастов, которые помогут вам лучше понять американский контекст

➢ Гайд: как заводить знакомства, если вы интроверт — конкретные шаги для тех, кому тяжело с новыми людьми

Мифы об американской мечте

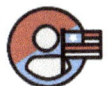Когда я только начинал адаптироваться в США, я общался с одним парнем, которого звали Николай. Он переехал из Украины по гуманитарному паролю, и первое время казался мне довольно уверенным. «Я не боюсь работы», — говорил он. «Буду пахать, как вол, и через пару лет у меня уже будет дом, машина и, может, свой грузовик». Он пошёл на стройку и действительно работал без выходных. Жил в комнате с соседом и через 8 месяцев купил новый Dodge Ram в кредит, и хвастался, что «уже почти американец». Мы встретились с ним еще через два года. Он был эмоционально вымотан, с долгами, без гринкарты и без понимания, что делать дальше. Тот же Dodge стоял под окнами с просроченной регистрацией. Когда я его спросил: «Почему ты не пошёл учиться?», он ответил: «Я думал, что тут главное — работать, а всё остальное ерунда. А оказывается, без знаний и английского ты здесь никто».

Николай не дурак. Он просто поверил в очередной миф о тяжелом труде. А в США, если ты живёшь по выдуманным правилам — система не пустит тебя выше, потому что здесь не важно, насколько ты сильный или выносливый, важнее — насколько ты системный и обучаемый.

Главные мифы перечислю ниже.

Миф №1: «В Америке всё легко»

Это, пожалуй, самый вредный миф. Он вырастает из видео на YouTube, где иммигранты рассказывают о том, как они за неделю нашли работу в IT-компании, за два месяца купили дом, а за год получили гражданство США (без службы в армии).

Что при этом не говорят:

➤ Эти люди часто имели либо заранее паспорт, либо супругу-гражданку.

➤ Часто они приехали с деньгами, знаниями английского, с IT-опытом или заранее полученным предложением о работе от компании.

Да, в Америке нет ничего легкого. Но здесь просто честнее: если ты идёшь по правилам — ты точно дойдёшь. Но легко ли это будет? Точно нет. Но для этого есть эта книга и моя поддержка.

Миф №2: «Тут никому не нужно образование»

 Да, вы можете устроиться на склад Amazon без диплома. Или пойти в водители CDL (грузовика) после 6-недельных курсов.

Но если вы хотите:

- ➤ работать в офисе и расти в карьере, или
- ➤ развивать бизнес и зарабатывать стабильно $80,000+ в год и при этом видеть семью не раз в месяц, то образование критично.

И я сейчас не только про университеты. Я про:

- ➤ локальные курсы (например, тот, который я закончил: Paralegal Certificate — $10,000)
- ➤ сертификации (например, Google IT Support — бесплатно или $39/мес.)
- ➤ лицензии (например, лицензия риелтора в моем штате — 90 часов обучения и $500)

Если вы не учитесь — вы остаетесь на уровне "survival job". И не путайте рациональную стабильность с выживанием. Если вам сейчас 35, то мешки с цементом вы сможете таскать ещё лет 15, а что дальше?..

Миф №3: «Если тяжело работать — всё получится»

 Нет, не получится. Я видел иммигрантов, которые работали по 12 часов 7 дней в неделю — и оставались на одном карьерном месте десятилетиями. Почему?

Потому что:

- ➤ не учились и оставались на дне профессиональной лестницы;
- ➤ не развивали дополнительные навыки;
- ➤ не улучшали свой английский;
- ➤ не инвестировали в пенсионные счета типа Roth-IRA и их деньги просто «уходили в никуда»

В США успех — это не результат усердия, а результат системного подхода. Да, работа — важна, но как говорится: «Надо работать не 8 часов, а мозгами».

Почему реальность сложнее — но честнее?

Знаете, что мне нравится в Америке? Здесь реальность не скрыта под красивой упаковкой. Она может быть жёсткой, но если вы хотите — вы найдёте свой путь. Да, никто не будет вам аплодировать за то, что вы выполняете свои рабочие обязанности, и да: здесь нет халявы. Но здесь и нет «своих», которым родственники по клану приготовили тёплое местечко.

➢ Хочешь — учись.
➢ Хочешь — строй.
➢ Хочешь — открывай бизнес, иди в армию, получай новую профессию.

Америка — это не страна, где «легко», это страна равных возможностей с условиями соблюдения правил.

 **Полезность**

Сделайте сейчас простую вещь: разделите лист на две колонки. Слева напишите все мифы, в которые вы (возможно) верили. Справа — реальные действия, которые заменят эти мифы. Это даст вам трезвость и поможет сэкономить годы. И не верьте в сказку об Америке, потому что Америка работает не по вдохновению, а по формулам, графикам, планам и шагам. Если вы будете действовать — она откроется вам во всей красе. Не сразу и не быстро, но честно.

Пример:

Миф	Что делать вместо
Главное — тяжело работать и все будет	Построить кредитную историю и подать налоги
Образование не нужно	Найти и закончить хотя бы короткую образовательную программу по профилю (6–12 месяцев)
Всё легко	Сделать план действий на 5–10 лет с ресурсами и шагами

Реальная «суперсила» иммигранта

Когда я жил в Такоме, у нас в соседнем жилом комплексе жил парень по имени Сухроб. Он приехал из Узбекистана — высокий, с открытым лицом и вечной готовностью помочь ближнему. Работал водителем доставки, учил английский и не жаловался. Через пару месяцев после приезда он начал подрабатывать в автомастерской: сначала просто помогал убирать, потом научился менять масло, тормоза, собирать подвеску. Ему говорили: «Слушай, открой уже свой шап (гараж). У тебя руки золотые». Он отвечал: «Не сейчас. Надо статус, надо английский, надо разрешение на бизнес».

Прошло два года. Все, кто работал с ним, уже либо открыли свои компании, либо ушли работать на официальную работу. А он всё «ждал момента». Мы встретились спустя 3 года после его приезда — он так и работал на кого-то без своего бизнеса и без прогресса.

И вот что я тогда понял: сила иммигранта — не в выносливости и не в терпении. Она в том, чтобы двигаться вперёд, когда у других уже «устаканилось». Тот, кто осознал свои преимущества — выигрывает. А кто решил, что «надо просто тихо работать» — застревает.

Что отличает иммигранта от коренного жителя?

1. Вы уже доказали себе, что умеете делать трудные вещи.

Вы переехали в другую страну с другим языком, климатом и законами. Американец родился в своей стране, а вы выбрали её, и в этом огромная разница. У вас есть невероятная внутренняя сила, которой нет у большинства местных. Нет, серьёзно — у вас есть суперсила: уже есть, в данный момент, сейчас! Думаю, вы уже научились отличать «коренных», родившихся здесь, американцев, от американцев «новых», таких же, как вы. Посмотрите на него на улице, и скажите себе: «А ведь я круче!». Это не самомотивация — это данность.

48

2. У вас нет иллюзий о будущем.

Вы не думаете, что «пенсия всё решит» или что «государство поможет». Вы привыкли выживать, и это делает вас гибким, расчётливым и устойчивым.

3. У вас есть двойное мышление.

Вы мыслите в двух системах: своей родной и американской. Это позволяет вам видеть слабые места, сравнивать, адаптировать решения под разные ситуации. Вы гибче, у вас шире горизонт осмысления и, соответственно, горизонт возможностей. Вы увидите возможность там, где «коренной» её может и не разглядеть — здорово же!

4. Вы умеете делать больше за меньшие деньги.

С одном стороны, это грустно, с другой – это ещё одна суперсила и, безусловно, реальное конкурентное преимущество в бизнесе. Пока кто-то берёт адвоката за $500 в час, вы находите шаблон документа или изучаете вопрос сами.

Почему у вас есть фора, если вы понимаете свои сильные стороны?

Потому что коренной житель привык к комфорту и предсказуемости. У него не было опыта неопределённости или бегства и страха, а у вас — был. И именно это даёт вам жароустойчивость в горниле этих иностранных испытаний. Вы не боитесь перемен, потому что всё вокруг вас — уже перемена. Вы не боитесь падений, потому что уже падали и вставали. Иммигрант — это не «второсортный гражданин». Это игрок с другим набором супернавыков. И если вы научитесь говорить об этих навыках, подчёркивать их в резюме, на собеседовании, в разговоре с клиентом — вы будете на шаг впереди даже среди американцев.

Примеры успешных историй

Анна из Казани

Была учительницей математики. В США прошла курсы Data Analytics на Coursera за $49 в месяц. Через 7 месяцев устроилась в компанию в Сиэтле младшим аналитиком за $72,000 в год. Сейчас она работает удалённо, инвестирует через Roth IRA и помогает другим пройти тот же путь.

Хосе из Мексики.

Работал поваром в Канкуне. На втором году жизни в США открыл фудтрак. Делал всё сам — закупки, маркетинг, оформление LLC. Через 2 года у него было уже два фудтрака: жена на кассе, брат — сушеф. Доход в 2024 году — $138,000 после налогов. Всё задокументировано. Сейчас подаёт на гражданство и открывает франшизу.

Людмила из Украины

Была медсестрой. Переехала с сыном. Пошла в CNA школу за $1,500, потом — на RN. Сейчас работает в клинике с зарплатой $48 в час. Купила дом в кредит и успешно платит ипотеку $2,700 в месяц. Считает, что США дала ей шанс, но только потому, что она им воспользовалась.

 **Полезность**

Сделайте следующее упражнение. Составьте список из 5 своих иммигрантских суперсил.

Пример:
- ➢ Пережил переезд в другую страну без денег и связей
- ➢ Освоил английский в реальной жизни
- ➢ Научился жить без кредитов
- ➢ Адаптировался к чужим правилам
- ➢ Открыл счёт, получил SSN, подал налоги сам

Теперь подумайте, чем каждая из этих суперсил может быть выгодна:
- ➢ на собеседовании
- ➢ в переговорах
- ➢ при подаче на грант
- ➢ при открытии бизнеса

Начните использовать это в своих действиях и словах и помните, вы не просто "эмигрант". Вы человек, который уже сделал невозможное — а Америка уважает силу. Но не физическую силу, а внутреннюю, умную суперсилу и если вы её осознаете и пользуетесь ей — вы уже на шаг впереди даже среди американцев.

И ещё насчёт «суперсил»: вам не кажется всё это чем-то знакомым, пусть и отдалённо — чем-то из прошлой жизни? А-а-а... вспоминаете? Вечное это ворчание: «Эти деревенские везде пробьются»: помните такое? Петербуржец в каком-то там поколении ворчит по поводу «деревенского», который «пролез», коренной москвич рассуждает о «понаехавших», якобы отбирающих его рабочее место... Нет, здесь не будут ворчать: здесь будут оценивать вашу полезность. Пусть вы какое-то время будете в глазах коренных (ведущих родословную от «Мэйфлауэра») деревенским, понаехавшим — просто используйте эти свои сверхспособности. Вам ещё рано размякать.

 **Бесплатные материалы к этому разделу, которые вы можете найти на сайте Drimusary.com:**
- ➢ Гайд «Иммигрант как бренд» — как преподносить свой путь в LinkedIn, резюме, при подаче на гранты
- ➢ Примеры фраз для описания своей силы на собеседовании — не «я приехал и старался», а «я прошёл путь с такими результатами...»

Рекомендованные книги

Книга на русском языке - «**Сила в тебе. Как превратить трудности в возможности**» — Райан Холидей (русское издание 2021 года). Книга о том, как использовать стойкость, гибкость и системный подход, чтобы превратить любые преграды в трамплин для роста.

Книга на английском языке - «**Limitless: Upgrade Your Brain, Learn Anything Faster, and Unlock Your Exceptional Life**» — Jim Kwik (2020). Бестселлер The New York Times о том, как ломать ограничивающие убеждения («мифы») и прокачивать ключевые навыки — от обучения и запоминания до стратегического мышления. Отлично сочетается с мыслью, что в США успех приходит к тем, кто системно учится и адаптируется, а не просто «работает много».

Почему важно осознанно строить путь в США?

 Я помню одного клиента, которого звали Илья. Мы познакомились на одном из моих вебинаров. Он приехал в США в 2016 году «по политике». Работал в доставке, потом в охране, потом на стройке. У него были руки, здоровье, квартира в ренте и стабильный доход в $4,000 в месяц. Казалось бы — живи и радуйся. Но однажды он вдруг сказал: «Я проснулся в 2023 и понял, что уже 7 лет в США, а у меня нет ни накоплений, ни дома, ни востребованной профессии. Только усталость и кредит на машину. А время ушло и его не вернёшь». Он не делал каких-то серьезных ошибок. Он просто не строил Путь. Он «жил», ждал, работал. Думал, что «потом разберусь». А потом — не разобрался, а оглянулся. И не нашёл опоры, не увидел системы: ни личной, ни финансовой, ни профессиональной.

Эта глава — не для того, чтобы вас пугать. А чтобы, наоборот, дать в руки рулевое управление, если вы до сих пор просто сидели в лодке и надеялись, что течение вынесет вас в хорошее место.

Разница между «выживать» и «развиваться»

Выживание — это когда вы:
- ➤ идёте на любую работу, лишь бы платили
- ➤ живёте от зарплаты до зарплаты
- ➤ не планируете больше, чем на месяц вперёд
- ➤ не знаете, что будет с вами через год
- ➤ не откладываете, потому что нечего

Развитие — это когда вы:
- ➤ понимаете, куда хотите прийти через 3, 5 и 10 лет
- ➤ накапливаете не только деньги, но и знания, связи, активы
- ➤ строите карьеру, а не просто берёте смены
- ➤ учитесь, даже если работаете
- ➤ знаете, что статус, профессия, финансы — это взаимосвязанные зоны

Вы можете «выживать» 6–12 месяцев после приезда в США— это нормально, но если вы остаетесь в этом режиме больше 3 лет — вы теряете и время и потенциал.

Как быстро пролетает 5–10 лет?

Очень быстро, особенно в США, где в труде неделя кажется днём, а месяц — неделей. И вот как это происходит:

Год	Что происходит?	Что кажется?	Что упускается?
1	Поиск жилья и работы	Всё только начинается	Нет финансового плана
2	Стабилизируетесь	Вроде всё устаканилось	Нет обучения, роста
3-4	Появляется рутинность	Вроде «нормально»	Нет движения: ни в карьере, ни в деньгах
5-6	Наступает усталость	Вроде всё есть — но чего-то не хватает	Пропущены ключевые окна возможностей
7-10	Ощущение «потолка»	Скучно, тревожно, разочарованно	Поздно переучиваться, семья выросла, кредиты висят

Упущенные возможности не всегда видны сразу, но они ощущаются потом — в тоске, в ощущении «я мог бы больше», в зависти к тем, кто шёл иначе.

 **Что упускают плывущие по течению:**

- Образование и переквалификацию: думают, что «позже найдётся время»
- Кредитную стратегию: берут, когда уже поздно или дорого
- Бесплатные возможности (гранты, программы): узнают, когда срок подачи закончился
- Рабочие визы, гринкарты, статус: упускают сроки или не накапливают нужные документы
- Бизнес-нишевые шансы: не регистрируют LLC, не строят бренд
- Пенсионную подушку: не инвестируют в 401(k), Roth IRA, IRA, теряют годы сложного процента
- Юридическую защиту: не делают траст, не оформляют завещание, не защищают активы

Самое опасное — жить в Америке в режиме «ну, вроде, пока что норм», потому что именно этот «норм» — это и есть ваша главная ловушка.

Полезность

Возьмите простой лист бумаги и нарисуйте на нём две колонки:

Выживание	Развитие
Работаю, чтобы платить рент	Строю карьеру или расту в профессии
Нет плана на 3 года	Есть стратегия с вехами
Учусь на ошибках	Учусь системно
Нет резервов	Есть подушка безопасности
Подаю документы, когда прижмёт	Подаю заранее, по графику

Теперь честно отметьте, где вы находитесь и задайте себе вопрос:

- «Если я ничего не изменю, где я буду через 5 лет»
- А потом — «Где бы я хотел быть?»

Вот между этими двумя точками и будет лежать Путь, по которому мы вместе и пойдём в этой книге. Америка не про «всё будет хорошо». Америка про «если строишь — будет результат».

Бесплатные материалы к этому разделу, которые вы можете найти на сайте Drimusary.com:

➢ Чеклист «Что вы упустили за последние 12 месяцев» — и как это можно исправить

➢ План «Перезапуск после стагнации» — если вы чувствуете, что просто «живёте»

Рекомендованные книги

Книга на английском языке - «**The Long Game: How to Be a Long-Term Thinker in a Short-Term World**» — Dorie Clark, 2021. Бестселлер Wall Street Journal о том, как мыслить на годы вперёд, выстраивать стратегические шаги и не упускать возможности, даже если вокруг все живут в режиме «срочно и сейчас».

Главный принцип этой книги — «сначала понять, потом делать, но делать оперативно»

 Когда-то ко мне на консультацию записался мужчина по имени Армен. Он приехал в США по туристической визе B1 и с двумя детьми. У него был огромный список «сделать»: подать на смену статуса, записаться на курсы, открыть LLC, подать на Medicaid, оформить страховку на машину, зарегистрироваться в колледже, найти работу жене, отправить детей в школу, подать на грант… и всё сразу. Он не знал, с чего начать, и делал всё одновременно. Когда мы начали разбирать, что он уже сделал, выяснилось, что он:

- дважды отправлял не на тот адрес форму I-765,
- купил медицинскую страховку, не зная, что ему положен более выгодный план,
- записался на неаккредитованные курсы ESL за $4,500,
- подал налоги своего LLC сам, где ошибка стоила ему $1,200 штрафа.

Он устал, выгорел, и начал винить систему, страну, миграцию. Хотя на самом деле проблема была в одном: он не понял, что делает, и делал это без плана. Он просто делал.

Осмысленные действия vs хаотичные шаги

В иммиграции — как в ремонте:

- Если сначала не измеришь — потом будешь резать пять раз.
- Если начнёшь лепить без чертежа — получится кривая кухня, но ты уже потратил на нее $15,000.

В США можно потратить время, деньги и силы просто потому, что вы не остановились и не поняли, как работает американская система.

Стоп! «Система» … Чуть ниже будут перечислены верные и неверные шаги по встраиванию в эту систему, но давайте задумаемся о том, что же она такое, насколько она сильна, насколько она привычна? Как долго выстраивалась? Выстраивалась ли она для людей и насколько она крепка?

Тут поможет краткий экскурс в историю. Если вы из СНГ, то не раз слышали что-то вроде «Ха, да Америка — молодая страна, 300 лет всего, а вот России / Украине больше 1000!». Более того скажу: не 300 даже, а всего 250 исполняется в 2026 году. Но... Сколько сменилось формаций в тысячелетней России за тысячу лет? Феодальная раздробленность княжеств, Московское Царство, Российская Империя, СССР, РФ — менялись формации, выбрасывались целые своды законов, принимались новые; последняя из российских формаций существует всего-ничего — с 1991 года и, кажется, тоже стремится быть государством для людей, формирует законы — не будем вдаваться в политику, просто примем как данность — Америка куда более зрелая, чем современная Россия.

Америка уже четверть тысячелетия выстраивает систему: постепенно, кирпичик за кирпичиком, шаг за шагом, а Россия, уж если мы взяли её в качестве примера, занимается этим всего 34 года. Это младенчество системы. А четверть тысячелетия без смены формаций, без переворотов и кардинальных изменений — это тот монолит, тот титанический свод писаных и неписаных правил, куда вам предстоит встроиться. Громада! Но не пугающая. Да, не без бюрократии, но выстроенная для людей. Попытаетесь обойти — есть риск оказаться за бортом. Не станете напрягаться — риск тот же. Станете напрягаться — и система выстроит перед вами лестницу вверх.

Вот примеры хаотичных шагов:

➢ Подать на EAD, не проверив eligibility или адрес куда отправлять;
➢ Зарегистрировать бизнес, не поняв налоговых последствий;
➢ Учиться на профессию, которая вам не даст ускорения карьерного роста;
➢ Пытаться «бежать вперёд», не оформив базовые документы;

А вот осмысленные действия:

➢ Прочитать, как работает система (на простом языке)
➢ Понять, что требуется именно в вашем случае
➢ Составить план (пошаговый)
➢ Сделать один шаг, но правильно
➢ Отследить результат, скорректировать
➢ Перейти к следующему шагу

Как избежать выгорания и бессмысленных затрат?

Выгорание — это не слабость. Это результат перегруза, потому что вы:

➢ делаете много, но не видите результата
➢ делаете одно, а ждёте от него другое
➢ сравниваете себя с другими, не понимая, на каком они этапе
➢ не видите логики в том, что делаете

А значит, единственный способ защититься от выгорания — делать осознанно, с пониманием и планом. Не «потому что пора», а потому что «я понимаю, что это даст, и как это работает».

Почему эта книга — не «мотивация», а инструкция с душой

Вы не услышите здесь «Ты сможешь! Поверь в себя!» — потому что вы и так уже смогли. Вы переехали, и вы живёте в США (см. выше о суперспособностях). И вы читаете эту книгу, а значит вы уже сильнее, чем 90% живущих в США иммигрантов.

Поэтому эта книга:

✓ даёт шаги — а не вдохновение
✓ объясняет термины — а не кидается умными словами
✓ показывает ошибки — а не делает вид, что всё получится у всех
✓ предлагает выборы — а не один "универсальный путь"
✓ написана живым языком — потому что вы — человек, а не читатель инструкции к микроволновке

 **Полезность**

Вот упражнение, которое я часто даю клиентам. Метод «СТОП—ПРОВЕРЬ—ДЕЛАЙ»:

СТОП: прежде чем начать новое дело (оформление, обучение, подача) — остановитесь.

ПРОВЕРЬ: ответьте себе на 3 вопроса:

– Зачем я это делаю?
– Что я хочу получить?
– Какие есть альтернативы?

ДЕЛАЙ: если всё проверено — делайте. Не «просто потому что пора», а потому что вы поняли.

Ваш Путь в США не должен быть плаванием в шторм, да ещё и без карты. Он может быть дорогой, по которой вы идёте с уверенностью, с полным пониманием происходящего. Если вы сначала поймёте — потом обязательно получится. Всегда. А эта книга — для того, чтобы понимание стало вашим инструментом.

 **Бесплатные материалы к этому разделу, которые вы можете найти на сайте Drimusary.com:**
➢ Мини-глоссарий терминов, которые надо понимать, прежде чем действовать (EAD, SSN, W-2, EIN, FAFSA и др.)

Как измерить свой прогресс по этой книге?

Однажды ко мне обратился парень по имени Тимур. Он был в США уже третий год. Работал на W-2, заплатил за обучение в колледже, снял жильё в Бруклине и даже открыл свой небольшой YouTube-канал. Казалось бы — не сидел без дела. Но его первая фраза была такая: «Я устал, и я не понимаю, двигаюсь ли я вперёд или просто загоняю себя. А может, я всё делаю зря?». Когда я начал с ним разбирать его путь, оказалось, что он не помнит, что он делал в прошлом году. Не может сам определить, на каком уровне английский. Не знает, сколько он отложил за год на пенсионный счет. И не может объяснить, чего он хочет от следующего года. И это не потому, что он ленивый, а потому что не вёл учёт, не измерял, не отслеживал. Просто шёл.

И вот тогда я отчётливо понял, что именно в эмиграции важно не просто делать — а фиксировать, осознавать, сравнивать. Потому что только тогда вы видите прогресс. А если вы его не видите, складывается ощущение, будто вы стоите на месте. Даже если вы пробежали уже десять миль.

Зачем измерять прогресс?

Потому что то, что не измеряется — кажется случайным. И тогда у вас возникают такие мысли:

➤ «Может, я зря сюда приехал…»
➤ «Наверное, у всех получается, а у меня — нет…»
➤ «Прошло три года, а вроде ничего не изменилось…»

Хотя по факту у вас:

➤ есть статус, которого не было
➤ есть работа, на которой вы уже получаете больше, чем в первый месяц
➤ вы сами перевели и подали документы
➤ отправили ребёнка в школу
➤ купили машину
➤ начали изучать налоги

Но если вы это не видите — вы не чувствуете, а значит, возникает выгорание, тревога, ощущение «бессмысленности».

Как «вести прогресс» по этой книге?

1. Завести отдельный блокнот или заметку «Мой путь в США». Это может быть тетрадь, заметка в телефоне, Google Doc — главное, чтобы это было ваше.
2. В начале каждой недели — ставить 1–2 маленькие цели
   Пример:
   ➢ На этой неделе открыть счёт в Credit Union
   ➢ Записаться на курс по налогам
   ➢ Разобраться, чем EIN отличается от SSN
3. После каждой прочитанной главы — отвечать на 3 вопроса:
   ➢ Что нового я узнал?
   ➢ Что из этого применимо ко мне?
   ➢ Что я могу применить в течение ближайших 30 дней?
4. В конце месяца — подводить итоги:
   ➢ Что я сделал?
   ➢ Что не успел, но планирую?
   ➢ Что было самым полезным?

Почему важно вести дневник?

Потому что это не просто запись фактов. Это доказательство для самого себя, что вы не стоите на месте, а живете и растете. Я веду свой «прогресс» с первого месяца после переезда. Да, не идеально, да, бывали паузы. Но каждый раз, когда мне казалось, что «всё хорошо» — я открывал записи и видел, что нет, не плохо. Просто я забыл, сколько уже сделал. И вы тоже забудете. Потому что забот, задач, стресса — уже много, и будет еще больше. А дневник — это ваша внутренняя карта, которая показывает путь. И главное — не даёт свернуть в сторону.

Где искать поддержку, если становится тяжело?

В этой книге я не буду говорить: «наймите коуча» или «запишитесь к психологу» — не у всех есть деньги или доверие. Но вот где вы точно можете найти поддержку:

Мой Telegram-канал "**Путь юриста в США**" (: t.me/redinway) — там сотни людей, которые проходят путь рядом с вами

• Прямая форма обратной связи на сайте Drimusary.com через мой емейл **drimusary@gmail.com**

- Локальные сообщества — церковные группы, библиотеки, культурные центры, комьюнити-колледжи

- Мой YouTube-канал "**Путь юриста в США**" (www.youtube.com/@redinway) — видео об иммиграции, законах, адаптации и карьере

И помните, что вы не один. Даже если вы сейчас никого не знаете в США. Помните, что кто-то уже прошёл этот путь — и может просто подсказать вам и поддержать вас.

Полезность

Сделайте это прямо сейчас. Возьмите лист бумаги или откройте заметки на телефоне. Назовите её: "Мой путь в США. Версия 1.0". Напишите:

➢ Где вы сейчас (город, статус, работа)

➢ Что у вас есть (SSN, EAD, жильё, счёт, страховка)

➢ Что вы уже сделали за последний год

➢ Что хотите сделать до конца месяца

И повесьте этот лист на холодильник, и поставьте напоминание пересматривать его раз в неделю. Это — не банальность, а система выживания и роста. Вы уже сделали еще один шаг – читаете эту книгу, а значит — начали движение вперед. Не дайте хаосу замести следы. Фиксируйте результаты. Осознавайте успехи и неудачи, и тогда вы будете не просто жить в США — а лететь вперёд.

Бесплатные материалы к этому разделу, которые вы можете найти на сайте Drimusary.com:

➢ **Трекер «Что я узнал из книги»** — по каждой главе: заполнил — закрепил

➢ **Чеклист «12 важнейших действий за 12 месяцев»** — ваш маршрутный лист

➢ **Матрица «Что изменилось за год»** — до / после, с реальными цифрами

Что делать, если вы не согласны с автором?

Я помню одну переписку после моего видеоразбора про иммиграционные документы. Мне написала подписчица по имени Ирина. Очень корректно, без нападок, но по делу: «Я считаю, вы переоцениваете значимость правильного оформления всех документов сразу. У меня статус давно в процессе, я заполняла всё сама, без адвоката. Да, допускала неточности, но вроде бы всё идёт неплохо. Неужели всё действительно так критично?» Мы немного пообщались. Я задал ей пару уточняющих вопросов — и выяснилось, что она указала старый адрес проживания, не перевела некоторые доказательства для личного заявления (Personal Statement) на английский, и отправила документы не в тот региональный офис USCIS. Формально всё принято, но если что-то пойдёт не так, система не будет смотреть на добрые намерения — только на букву закона. И вот что я ей тогда сказал, и повторю сейчас вам: «Если вы выбрали путь осознанно — зная риски, понимая альтернативы — вы имеете право идти своим маршрутом. Я не отдаю приказы, а всего лишь даю выбор и карту. А идти по ней или искать свою тропу — решаете вы». И надо понимать: система не бездушна. Вы можете потом, после месяцев ожидания, сетовать на то, что «вот, из-за мелкой ошибки, из-за простой описки я прождал столько-то; это бюрократия, это бездушность!» — ребята, ну не допускайте ошибок. Система готова к исполнению запросов, система открыта — просто научитесь ею пользоваться. Научитесь пользоваться Америкой — и она ответит, она не пройдёт мимо, она примет вас.

Разные пути — это норма

В США нет одного "правильного сценария". Это не армия, где за шаг в сторону — дисциплинарка.

Здесь вы можете:

➤ открыть бизнес через sole proprietorship LLC, а можно через C-corp.

➤ подавать на убежище, а можете — на рабочую визу

➤ инвестировать в IRA, а можете — в недвижимость в Мексике

➤ не брать кредитки, а строить историю через аренду

➤ не идти на официальные курсы, а учиться через YouTube и практику

Каждый путь будет иметь свои плюсы, риски, слабые и сильные стороны.

Как адаптировать советы под себя?

 Вот как я советую работать с этой книгой, если вы чувствуете: «что-то это не про меня и не для меня»:

1. Спросите себя — в чём именно несогласие?

Это про метод, про порядок действий, про приоритеты, или про философию? Например: я советую подавать налоги уже в первый год — а вы хотите подождать. Вы понимаете, что теряете/рискуете? Тогда ваш выбор осознан.

2. Пропускайте, но не игнорируйте полностью.

Например, если раздел «Бизнес» для вас неактуален — просто пробегите его глазами, не прочитывайте целиком. Может быть, через полгода вернётесь к нему уже с другими запросами.

3. Стройте свою систему

Используйте мои рекомендации как кирпичи, но стройте из них свой дом, а не копию моего. Может, вы живёте в Нью-Йорке, а я писал с позиции жизни в Такоме (штат Вашингтон). И у нас с вами разные условия, разные законы, разные расходы и налоги, разные акценты.

4. Помечайте, с чем не согласны — и почему.

Это даст вам больше понимания, чем слепое принятие. Пример: «Не согласен с автором, что нужно идти в колледж — я предпочту сертификацию Google за $39/мес.». Кстати, я буду благодарен, если вы станете оставлять такие негативные (но конструктивные) комментарии у меня в социальных сетях. Ваша критика помогает мне расти и улучшать мои книги.

5. Проверяйте альтернативные мнения.

Никогда не доверяйте только одному источнику. Читайте IRS.gov, SBA.gov, смотрите каналы других эмигрантов, сравнивайте.

Если все источники подтверждают одну позицию — скорее всего, это не «мнение автора», а проверенная практика.

Где поспорить и обсудить?

Я не просто разрешаю — я приглашаю к диалогу. Вот куда можно написать или задать вопрос:

- Telegram-чат для читателей при моем канале "**Путь юриста в США**" (t.me/redinway)— открытое и уважительное обсуждение
- Email-обратная связь **drimusary@gmail.com** — если хотите остаться в приватной зоне

Важно: мы не превращаем спор в бой. Это сообщество взрослых людей, которые идут одним путём — но своими шагами.

Полезность

Сделайте сейчас короткое упражнение. Откройте главу, с которой вы не согласны или которая вызывает у вас сомнение и напишите:

➢ Что именно вам не подходит?
➢ Как бы вы сделали по-другому?
➢ Какие могут быть последствия вашего варианта?
➢ С кем вы могли бы это обсудить?
➢ Где можно это проверить (официальный источник)?

Так вы не просто поспорите. Вы научитесь мыслить системно. Вы не обязаны соглашаться со мной, но вы обязаны думать сами, а если вы думаете, анализируете, сверяете и выбираете своё — значит, эта книга уже сработала. Она не для слепого следования, а для самостоятельного движения. И если вы идёте — я рад быть рядом с вами, даже если мы идём чуть разными дорогами.

Бесплатные материалы к этому разделу, которые вы можете найти на сайте Drimusary.com:

➢ Гайд «Как проверять информацию по американским источникам»
➢ Список официальных источников, на которые ссылается эта книга — IRS, USCIS, DOL, FSA и т. д.

Заключение и немного мотивации

Когда я только приехал в США, я не знал, с чего начать. Вокруг — новые правила, незнакомые слова, чужие привычки. Было ощущение, что я будто попал на новую планету, где нужно учиться даже элементарным вещам заново: как арендовать жильё, как обратиться к врачу, как подать документы, чтобы не нарваться на штраф или как его обжаловать. Я прекрасно помню вечер, когда сидел в маленькой комнате с пластиковыми стульями и листал статьи на телефоне, пытаясь впервые понять, как вообще работает система образования в США. Всё было разрозненно, запутанно, часть сведений была устаревшей... Я мечтал, чтобы кто-то просто дал мне не мотивационный бред, а настоящую пошаговую карту. Без «успешного успеха», без лозунгов, без воды. Просто: сделай это — будет вот так, не сделаешь — вот такие будут последствия. Но, к сожалению, этой книги у меня тогда не было.

Вы в гораздо лучшем положении, потому что теперь она есть перед вами. Но это только инструмент. Настоящая работа — у вас с вами впереди. Ваш путь только начинается. Да, вы, возможно, уже многое прошли — оформили визу, переехали, получили документы. Но в Америке каждый новый этап — это как новая точка отсчёта. Устроились на работу — и вдруг узнали, что без кредитной истории нормальное жильё вам не светит. Решили учиться — и попали в мир FAFSA, community college, EFC, loans, deferment. Задумались о бизнесе — и утонули в аббревиатурах: LLC, EIN, DBA, sales tax. Это не повод для паники. Это — реальность, потому что никто не знает всего с первого дня. Но разница между тем, кто действует наугад, и тем, кто действует с планом, огромна. Первый постоянно тушит пожары. Второй — строит дом на прочном фундаменте.

Помните, что всё в ваших руках. Да, эта книга поможет — в ней будут истории, инструкции, таблицы, шаблоны, реальные кейсы и советы. Но ни одна книга не примет решений за вас. Это ваша жизнь, и только вы решаете, когда начать. Можно отложить на потом. А можно — прочитать, применить и увидеть первые результаты. Вы главный архитектор своей Американской Мечты. А я просто иду рядом, с фонариком, чтобы подсветить дорогу в темноте.

Еще раз повторюсь: несмотря на наличие большого количества слов поддержки от меня, это не мотивационная книжка. Это навигатор и компас. Иногда — голос, который скажет: «Ты свернул не туда. Вернись». В основе этой книги — не чей-то чужой путь, а ваш, личный. С вашими ошибками, уроками, откатами, победами и страхами, и с вашей силой, которая позволяет двигаться дальше, несмотря ни на что.

Добро пожаловать в настоящее путешествие. Не туристическое и не рекламное, а по-настоящему ваше, потому что оно начинается с вашего первого осознанного шага. И такой шаг вы уже сделали, открыв эту книгу.

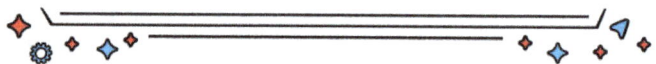

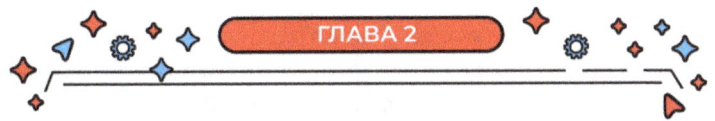

Глава 2 КАК ПРОДОЛЖИТЬ КАРЬЕРУ И ПОДТВЕРДИТЬ КВАЛИФИКАЦИЮ В США?

Введение

Когда мы прилетели в США, всё казалось одновременно захватывающим и пугающим. С одной стороны — страна возможностей, с другой — полное отсутствие привычной почвы под ногами. У меня за плечами был диплом юриста, собственный юридический бизнес в России, клиенты и уважение. Здесь — ни лицензии, ни долгосрочного статуса, ни понимания, с чего вообще начинать. Я заглядывал в вакансии и видел: «US license required», «local experience only», «fluent English + certification». Меня как будто не существовало. Казалось, вся моя квалификация обнулилась в момент пересечения границы.

Первой мыслью было: нужно просто рассказать, что я умею. Но быстро стало ясно — здесь это не работает. Нужны документы, подтверждения, стандарты. Америка не верит на слово — она просит бумагу. Это не бюрократия: это ступени. Каждая «бумажка» — это ступень, на которую система предлагаем вам встать и начать идти. Каждая «бумажка» — это фонарь, подсвечивающий ваш путь в темноте. Можно долго кричать во тьму, не соглашаться с самим её существованием, сетовать на неё — а можно взять фонарь и осветить себе дорогу. Не опасайтесь «бумажек»; они — ваш проводник в системе, которая подготовлена для вас.

Я начал разбираться и узнавать о том, как иммигранты подтверждают свои дипломы. Узнал о WES — организации, которая делает эвалюацию иностранного образования. Это была моя первая попытка «перевести» свою квалификацию на американские рельсы. Я собрал все документы, сделал переводы, отправил сканы. Через 3–4 месяца получил результат: диплом признан, мое юридическое образование соответствует американскому уровню бакалавр + мастер.

Это ничего не гарантировало, но давало точку опоры, ведь я был уже не просто «иммигрант с иностранным опытом», а человек с признанным образованием.

Параллельно я искал, кем можно работать без адвокатской лицензии, чтобы остаться в своей сфере. Я сразу же отбросил любую возможность работать не по специальности. Я был настолько уверен в своем решении, что повторял себе: лучше я буду бесплатно работать помощником адвоката, чем развозить грузы, посылки и доставки. Рассматривал варианты: legal assistant, paralegal, административные позиции. Узнавал, кто требует лицензий, а где достаточно знаний и опыта. Читал про сертификации, курсы, волонтерство. И всё это было похоже на лабиринт без карты.

Многое приходилось делать «вслепую». И знаете что? Даже простые позиции paralegal требуют или сертификата или длительного опыта. И здесь мне не хватало чёткого понимания — что можно делать, не поступая в колледж заново? Какие профессии открыты иммигрантам с уже имеющимся образованием? Как объяснить свой опыт так, чтобы его здесь поняли?

Зачем эта глава?

Эта глава написана для тех, кто оказался в той же точке, где был я: с багажом знаний и навыков, но без понятия, как его применить в США. И эту главу я написал, чтобы те, кто пойдет аналогичным путем, знали ответы на такие вопросы как?

➢ Как понять, нужно ли и как подтверждать твой диплом?

➢ Какие профессии требуют лицензии, а какие открыты сразу?

➢ Какие существуют организации для эвалюации образования?

➢ Почему не всегда нужно учиться заново и есть ли альтернативы?

➢ Как переупаковать свой опыт и сделать первые шаги к новой карьере?

Это руководство — не теория. Это практическая карта пути, который я прошёл сам. Если вы хотите сохранить свою квалификацию, не потерять годы, прозябая в США и начать действовать осознанно — начните с этой главы.

Иностранные дипломы в США

В США нет автоматического признания иностранных дипломов. Даже если у тебя красный диплом, десять лет опыта и степень магистра, ни один работодатель, университет или лицензирующий орган не примет твои документы на веру. Сначала нужно пройти процедуру эвалюации образования — это официальный способ показать, что твой диплом соответствует определенному американскому уровню образования.

Эвалюацию проводят независимые организации. Они анализируют:

➢ как называется твоя степень,

➢ сколько лет ты учился,

➢ какие предметы изучал,

➢ насколько твоя программа соответствует американским стандартам.

Результатом становится отчёт, в котором твой диплом «переводится» на язык США — например, «equivalent to U.S. Bachelor's degree» или «equivalent to Master's in Law».

Это важно, потому что:

➢ Работодатели могут ориентироваться на отчёт, чтобы понять твой уровень.

➢ Университеты и колледжи требуют его при поступлении на профессиональные программы.

➢ Лицензирующие органы (например, в медицине или образовании) используют его, чтобы допустить тебя к экзаменам или процессу ностификации.

Если ты не предоставишь отчёт об эвалюации — тебя просто не будут рассматривать.

Что же нужно: лицензия, сертификация или local experience?

В США большое количество профессий регулируются на уровне штатов. Это значит, что без лицензии или сертификации ты просто не имеешь права работать — даже если делал это всю жизнь в другой стране.

Типичные примеры:

➢ Юристы — лицензия штата, сдача экзамена (Bar Exam)

➢ Медсёстры и врачи — USMLE/NCLEX + лицензия штата

➢ Учителя — местная teaching license

➢ Инженеры, архитекторы, бухгалтеры — лицензии (PE, CPA)

➢ Психологи, соцработники, терапевты — обязательна сертификация и supervision

Даже в тех сферах, где лицензия не обязательна, почти всегда требуется опыт работы в США или местные рекомендации — это называется local experience.

Что можно сделать сразу:
➢ Проверить требования в своём штате (на сайте licensing board)
➢ Найти аналогичную профессию без лицензии (на первое время)
➢ Пройти онлайн-курс с сертификатом от американской платформы (Coursera, edX)

Без этих шагов твой опыт будет восприниматься как «недоказанный». Система работает не против тебя — она просто требует подтверждения.

Подтверждение опыта = сокращение пути

Вам не нужно обнулять свою карьеру. Большинство иммигрантов совершают ошибку: думают, что без американского диплома всё придётся начинать сначала. Но если у вас есть доказуемый опыт, или образование, вы можете пройти путь быстрее и дешевле.

Ключ — в подтверждении. Это могут быть:
➢ рекомендательные письма с прежнего места работы (с переводом),
➢ портфолио или кейсы (если вы дизайнер, инженер, преподаватель),
➢ подтверждение проектов, публикаций, статей, сертификатов,
➢ LinkedIn с реальными отзывами,
➢ участие в международных конференциях, членство в ассоциациях.

Ваш опыт должен быть оцифрован и переведён на язык американского рынка. Чем понятнее он для местного работодателя или лицензирующего органа — тем меньше вам придётся переучиваться.

Полезность
Заведите отдельную папку на Гугл-диске «Career Proof», собирайте туда всё о вашем профессиональном пути.

70

5 шагов к восстановлению карьеры

Когда я оказался в США, восстановление карьеры казалось непроходимым лабиринтом. Мой юридический диплом, сотни клиентов и годы практики — всё обнулилось. Но шаг за шагом: через эвалюацию, доказательства опыта, участие в стажировках, формальное обучение в колледже и американском университете, я выстроил новый путь. Ниже — пять ключевых шагов, которые помогли мне, и помогут вам восстановить профессию и начать заново, без потерь.

Шаг 1. Эвалюация диплома (через WES, SpanTran и др.)

Если вы переехали в США с полученным высшим образованием, то первое, с чем вы сталкиваетесь — непонимание: «А что мой диплом вообще значит здесь?». Вас не узнаёт ни система, ни работодатель, ни лицензирующий орган. Ваш диплом — пока что просто бумага. Чтобы он стал рабочим инструментом, его нужно «перевести» на язык американской системы образования. Именно это делает эвалюация диплома.

Когда я приехал в США, у меня был юридический диплом, полученный в одном из ведущих вузов России. В России этого было более чем достаточно, чтобы вести практику, консультировать клиентов, запускать бизнес. В США — он не имел веса, пока я не прошёл официальную процедуру признания.

Существует несколько организаций, которые занимаются эвалюацией:

- ➤ **WES** (World Education Services) — самый популярный вариант. Подходит для иммиграционных целей, поступления в вузы, подачи на работу и лицензирование в некоторых профессиях.
- ➤ **ECE** (Educational Credential Evaluators) — часто используется для академических целей, особенно если вы планируете учиться.
- ➤ **SpanTran** — аккредитованная организация, часто выбирается колледжами, особенно при подаче на associate degrees.
- ➤ **IERF, Josef Silny & Associates, GCE, Foundation for International Services** — менее распространены, но в некоторых штатах и вузах являются приоритетными.

Обязательно проверьте, какую организацию принимает именно ваша цель — колледж, лицензирующий орган или работодатель. Некоторые принимают только WES, другие требуют ECE или IERF. Ошибка на этом этапе может стоить времени и денег. Переучиваться, «переделывать бумажку» — непродуктивно; надо изначально иметь понятие о том, как получить правильный, нужный документ, а не изображать деятельность, получая ненужные.

Как проходит процесс:

1. Вы регистрируетесь на сайте выбранной организации.

2. Загружаете документы: диплом, приложение с оценками (академическая справка), переводы.

3. Некоторые организации требуют, чтобы документы были отправлены электронно напрямую из вуза. Это особенно важно: уточните требования заранее, прежде чем оплачивать услуги сервиса.

4. Оплачиваете услугу (в среднем $200–$350).

5. Через 3–4 недели вы получаете эвалюационный отчёт, в котором будет указано, чему эквивалентен ваш диплом. Учтите, что некоторые университеты требуют, чтобы эта эвалюирующая организация отправила им отчет напрямую, минуя вас. Таким образом они обходят потенциальные мошеннические действия от студентов.

Например: мой диплом Специалиста – Юриста из России – эквивалент американской Jurist Doctor degree. Этот отчёт можно прикладывать к заявкам в университет, работодателю или использовать при подаче на лицензирование.

Важные детали:

➢ Эвалюация не заменяет лицензию. Даже если ваш диплом признан как магистр, это не значит, что вы можете сразу работать — особенно в регулируемых сферах (юриспруденция, медицина, образование).

➢ Тип отчёта имеет значение. Некоторые учреждения требуют «course-by-course evaluation» (помодульный анализ), а другие достаточно «document-by-document» (общее соответствие).

➢ Срок действия отчёта обычно не ограничен, но для некоторых организаций он может быть «свежим» (до 5 лет).

Личный совет

Создайте себе электронную папку под названием «US Education & Work Credentials». Храните там:

➢ сканы дипломов и переводов;

➢ подтверждения отправки и получения WES/ECE/SpanTran;

➢ финальный отчёт;

➢ PDF-версии писем и чеков.

В реальности этот отчёт может быть нужен много раз: при оформлении лицензии, при приёме на работу, при подаче в другой вуз, даже при смене штата.

Обратите внимание, сколько раз я уже писал: «заведите блокнот», «создайте папку»; кажется, и погрязнуть недолго в такой «библиотеке»? Поверьте, классификация проблем, систематика достижений — не только способ упорядочивания, но и борьба с несовершенством человеческой памяти. Если вы не Юлий Цезарь, который помнил всех своих солдат поимённо, знайте: каждый раз, когда память подводит вас в организационных или иммиграционных вопросах, вы теряете тысячи долларов, вы теряете недели и месяцы, вы растрачиваете свою жизнь. Доверьтесь бумаге, доверьтесь электронным «напоминалкам», сличайте достижения с заранее записанными планами: приведите систему своего встраивания в Америку — в систему. И Америка как система станет для вас проще)

Полезность:

✓ Проверьте заранее, какую организацию принимает конкретный колледж, лицензирующий орган или работодатель.

✓ Сделайте certified translation (заверенный перевод) заранее — это ускорит процесс.

✓ Если вы планируете учёбу, заказывайте отчёт с опцией «send to multiple recipients» — дешевле, чем заказывать повторно.

✓ Подготовьте документы из вуза заранее — особенно если доступ к ним может быть затруднён (например, из-за переезда, войны, отказа вуза сотрудничать и т. д.).

Эвалюация — это первый серьёзный шаг, который показывает системе, что вы — профессионал. Это не формальность, а мост между двумя образовательными мирами. И чем быстрее вы его перейдёте, тем быстрее продолжите строить карьеру в США.

Шаг 2. Перевод кредитов — возможно для тех, кто учится или планирует учиться

Если вы планируете продолжить обучение в США, возможно, вам удастся перевести часть предметов из своего иностранного диплома — это называется transfer of credits. Суть в том, что университет или колледж может зачесть некоторые уже изученные вами курсы, чтобы сократить длительность и стоимость обучения.

Но есть важные условия:

➢ Перевод кредитов возможен только при поступлении в учебное заведение — заранее это не делается.

➢ Решение всегда принимает принимающий колледж или университет, а не организация вроде WES.

➢ Обычно требуют эвалюацию с помодульным разбором курсов (course-by-course evaluation) и переводы всех академических справок.

Что это даёт:

➢ Меньше курсов = меньше оплата обучения;

➢ Быстрее получение степени;

➢ Меньше повторов уже пройденного материала.

Совет: если вы планируете учиться — при подаче сразу уточните, делают ли они кредитные переводы, и какие именно курсы готовы засчитать.

Шаг 3. Признание диплома — в рамках профессии (через boards или state agencies)

Если вы хотите работать по профессии в США — диплома и даже эвалюации может быть недостаточно. В большинстве сфер требуется отдельное признание образования через профильные лицензирующие органы: это могут быть state boards, комиссии по образованию, медицинские советы, адвокатские палаты и т. д.

Примеры:

➢ Учителям — через State Board of Education;

➢ Медсёстрам и врачам — State Medical Board или Nursing Board;

➢ Архитекторам, юристам, инженерам — свои boards по каждому штату.

Каждый орган устанавливает:

➢ Признаёт ли он иностранный диплом;

➢ Какие экзамены нужно сдать;

➢ Нужно ли пройти дополнительное обучение;

➢ Требуется ли стажировка или supervision.

Это путь не быстрый, но конкретный. Главное — понять, кто в вашем штате отвечает за допуск к профессии, и изучить их требования.

 **Полезность:**

➢ Найдите ваш профессиональный board на официальном сайте штата — просто введите в Google: «ваша профессия + state licensing board».

➢ Скачайте их checklist для иностранных специалистов.

➢ Пишите им напрямую — часто отвечают по e-mail или телефону и дают точные инструкции.

Шаг 4. Признание опыта — резюме, письма, reference, подтверждения

Ваш опыт — это актив, но в США его нужно подтвердить формально. Никто не будет просто верить в ваше резюме на словах. Здесь важно показать: где, когда и что именно вы делали — с доказательствами.

Что имеет вес:

➢ Подробное резюме по американским стандартам (1–2 страницы, чёткие результаты).

➢ Reference letters — письма от бывших работодателей или коллег. Лучше на английском, с указанием должности, задач и достижений.

➢ Контакты рекомендателей — американские компании часто звонят и действительно проверяют.

➢ Документы: договоры, кейсы, сертификаты, скрины проектов, портфолио — всё, что может подтвердить вашу квалификацию.

➢ Вы не обязаны подтверждать весь опыт — но чем объёмнее вы его зафиксируете, тем выше будет доверие к вам со стороны работодателя или лицензирующего органа.

Полезность:

➤ Соберите всё в одну PDF-папку «Work Evidence USA» — чтобы не рыться в папках в нужный момент.

➤ Используйте LinkedIn: заведите профиль, добавьте реальных коллег, попросите их оставить отзывы.

➤ Не пишите абстрактно — указывайте цифры, проекты, задачи. США ценит конкретику.

Шаг 5. Дополнительное образование или лицензирование

В США нередко бывает так: вашего диплома недостаточно, чтобы официально работать по профессии. Тогда единственный путь — пройти дополнительное образование или получить лицензию, установленную законом штата или профессии.

Это может быть:

➤ Краткосрочная программа (certificate) в колледже — 3–12 месяцев;

➤ Bridge-программа — для медиков, учителей, инженеров с иностранным образованием;

➤ Лицензионные курсы — с последующей сдачей экзамена (например, CPA, NCLEX, Real Estate License).

Если вы юрист — это может быть LL.M. Если вы медик — это может быть курс подготовки к USMLE. Если вы хотите быть учителем — возможно, придётся пройти курсы при Board of Education. Это не всегда дешево, но это часто короче и эффективнее, чем учиться с нуля.

Полезность

➤ Проверьте, есть ли accelerated или foreign-trained программы в вашем штате.

➤ В некоторых случаях можно получить финансовую помощь или грант — ищите на сайте колледжей фразу «financial aid available for immigrants».

➤ Узнайте, какие программы дают право на стажировку или практику — это ускорит выход на рынок.

Технические специалисты (инженеры, электрики, механики)

Если вы инженер, электрик, механик или техник — в США ваш путь начинается с подтверждения квалификации. Даже с солидным стажем за плечами, здесь вас будут оценивать по местным стандартам. И первый шаг — это эвалюация образования.

Для большинства инженерных направлений эвалюация проходит через:

➢ WES (World Education Services) — универсальный вариант, часто используется для подачи в колледжи, сертификационные центры и работодателям.

➢ NCEES Credentials Evaluations — специализированная организация, признанная в инженерной сфере. Особенно важна, если вы планируете сдавать FE (Fundamentals of Engineering) и затем PE (Professional Engineer) экзамены.

Эвалюация покажет, соответствует ли ваша степень американскому уровню бакалавра в инженерной дисциплине. Без этого вы не сможете претендовать на лицензию или профессиональные сертификаты. Помимо образования, вам, скорее всего, потребуется:

➢ Локальный опыт или стажировка (в некоторых штатах — от 1 года),

➢ Сдача FE и PE экзаменов — если вы хотите получить полноценную лицензию инженера,

➢ Или пройти сертификационные курсы для начальных позиций (например, AutoCAD, HVAC, PLC, OSHA и т. д.).

Если вы работаете руками — как техник или электрик — может потребоваться лицензия штата, особенно в строительной, энергетической и транспортной отраслях. Эти лицензии выдаются через state licensing boards, и каждая специальность имеет свои требования.

Полезность

➢ Зарегистрируйтесь на ncees.org и изучите требования по вашей инженерной специальности.

- ➤ Найдите community college в вашем штате — они часто предлагают bridge-программы для иностранных инженеров и подготовку к FE.
- ➤ Если вы электрик или техник — зайдите на сайт департамента лицензирования штата (например, Washington State L&I) и скачайте инструкции по получению лицензии.
- ➤ Начните с LinkedIn-профиля и добавьте туда ваш технический опыт и сертификаты — это сильно повышает шанс найти работу на старте.

FE и PE — это два ключевых экзамена для инженеров в США, необходимых для получения статуса лицензированного профессионального инженера (Professional Engineer, PE).

FE (Fundamentals of Engineering)

Что это? Это первый экзамен на пути к получению лицензии PE. Обычно сдают его выпускники инженерных вузов или те, чьё образование признано эквивалентным американскому бакалавриату в инженерной области (через NCEES Evaluation). Формат:

- ➤ Компьютерный экзамен, 6 часов, 110 вопросов.
- ➤ Темы зависят от выбранной дисциплины: Civil, Mechanical, Electrical, Chemical и т. д.

Для чего нужен? После сдачи FE вы получаете статус Engineer-in-Training (EIT) — это промежуточный шаг перед PE.

PE (Principles and Practice of Engineering)

Это второй экзамен. Его можно сдавать только после FE и после 4 лет инженерной работы (обычно под руководством лицензированного PE). Формат:

- ➤ Компьютерный или письменный экзамен (в зависимости от дисциплины).
- ➤ Проверяет прикладные знания, реальные инженерные навыки и практику.

Для чего нужен? Успешная сдача PE дает вам право официально называться Professional Engineer (PE) — в некоторых отраслях и штатах это обязательное условие для работы, подписания проектов и расчётов.

Bridge-программы: community colleges + стажировки

Если у вас есть диплом из другой страны, но вы не можете сразу начать работать по профессии в США, bridge-программа может стать вашим коротким, практичным и эффективным решением. Это специальные курсы, разработанные для иммигрантов с высшим образованием, чтобы помочь адаптировать знания под требования американского рынка.

Чаще всего такие программы предлагаются в community colleges — местных колледжах с доступными ценами и гибкими условиями. В рамках обучения вы не просто слушаете лекции, а:

➢ проходите адаптационные курсы по профессии,
➢ изучаете профессиональный английский (если нужно),
➢ получаете доступ к стажировке (internship, externship),
➢ получаете американский сертификат по итогам.

Например:

➢ Инженерам — курсы по AutoCAD + internship в архитектурной фирме;
➢ Бухгалтерам — QuickBooks + стажировка в малом бизнесе;
➢ Медработникам — курс Medical Assistant + клиническая практика.

Полезность

➢ Ищите такие программы через сайт вашего штата: «[название штата] + community college + bridge program».
➢ Некоторые колледжи сотрудничают с организациями вроде Upwardly Global и дают гранты на оплату.
➢ Bridge-программы часто идут без TOEFL и без лицензии, но дают реальный опыт, американский документ и выход на рынок.

Bridge — это не шаг назад. Это умный шаг вбок, который может вывести вас гораздо быстрее вперёд.

Сертификаты: OSHA, AutoCAD, CNC, Union programs

В США сертификаты — это не просто «бумажки» для галочки. Это конкретное доказательство, что вы знаете местные правила, технику безопасности, стандарты и подходы к работе. Особенно это важно, если вы — технический специалист: инженер, механик, электрик, сварщик, строитель, оператор оборудования или проектировщик. Даже с высшим образованием и большим стажем, вы можете услышать от работодателя: «У вас есть OSHA? Есть AutoCAD certificate? А CNC вы проходили?» Без этих ключевых сертификатов вы рискуете не попасть даже на собеседование. Но есть хорошая новость: получить их можно быстро, недорого и без лицензии, даже если вы только что приехали.

OSHA 10 / OSHA 30

OSHA — это обязательный минимум для всех, кто работает на стройке, на производстве или рядом с техникой.

> ➤ OSHA 10 — базовый курс по технике безопасности. Длится 10 часов, подходит для рабочих и начинающих.

> ➤ OSHA 30 — углублённый курс. Часто требуется для бригадиров, прорабов, мастеров.

Курс можно пройти полностью онлайн, за 1–2 дня, на русском или английском. По завершении вы получаете официальную карточку (OSHA card), которую требуют при трудоустройстве. Где проходить: www.osha.com и www.careersafeonline.com

AutoCAD Certificate

Если вы проектировщик, инженер, архитектор или чертёжник — знание AutoCAD может быть критически важным. Даже если вы уже умеете работать в программе, без американского сертификата это не засчитывается.

Вы можете пройти курс:

> ➤ в community college (с выдачей официального документа),

> ➤ на платформах LinkedIn Learning, Coursera, Udemy, edX,

> ➤ через Autodesk Certified User или Autodesk Certified Professional — официальные сертификации от разработчика программы.

Эти сертификаты можно указать в резюме и прикрепить к профилю на LinkedIn — они реально повышают шанс пройти отбор.

CNC Machining Certificate

Если вы работали со станками (токарными, фрезерными, лазерными, плазменными), знали, что такое G-code, управляли ЧПУ — это можно подтвердить через CNC-сертификацию. Подходит для:

➢ операторов и техников на производстве,
➢ специалистов по металлообработке,
➢ автомехаников и сборщиков.
➢ Программы проводят:
➢ technical schools и community colleges,
➢ NAIT, NIMS, ToolingU — национальные центры по машиностроению.

Сертификат CNC открывает доступ к высокооплачиваемым позициям на заводах, в аэрокосмической, оборонной и автомобильной промышленности.

Union Training Programs / Apprenticeship

Секрет, о котором мало кто знает: американские профсоюзы (unions) часто обучают бесплатно. Это полноценные программы подготовки с теорией, практикой и гарантированной стажировкой. Примеры:

➢ Электрики: IBEW Apprenticeship Program
➢ Сантехники: UA Training Center
➢ Строители и плотники: Carpenters Union Training
➢ Сварщики: Ironworkers Local

Такие программы длятся 6–24 месяцев, вы получаете не только сертификат, но и зарплату с первого дня стажировки. Искать можно на www.apprenticeship.gov и www.dol.gov/agencies/eta/apprenticeship

 **Полезность**

➢ OSHA 10 можно пройти онлайн на русском за $79–$99 — многие сайты делают скидки для иммигрантов.

➢ AutoCAD сертификат с выдачей официального документа можно получить через платформу Autodesk или в ближайшем колледже.

➢ CNC сертификацию выбирайте с практикой — часто работодатели готовы спонсировать обучение.

➢ Union-программы дают вам возможность зарабатывать от $20 в час уже в процессе обучения — и выход на стабильную профессию без долгов за учёбу.

Если вы хотите быстро вернуться в профессию или начать с новой позиции, сертификаты — это самый короткий и прагматичный путь. Это доказательство того, что вы знаете, как работать по-американски. И это то, что можно получить за недели — а не за годы.

Медицинские работники (врачи, медсёстры, стоматологи, фармацевты)

Если вы — врач, медсестра, стоматолог или фармацевт, то знаете, насколько важен профессиональный статус. В США же это один из самых строго регулируемых секторов: без лицензии нельзя ни консультировать, ни лечить, ни даже ассистировать. Но ваш путь на этом не обрывается, а просто разделяется на этапы. И первый из них — эвалюация образования через специализированные агентства.

Медсёстры: через CGFNS

Если вы — дипломированная медсестра, начните с CGFNS (Commission on Graduates of Foreign Nursing Schools, www.cgfns.org): Эта организация:

➢ эвалюирует ваш диплом и транскрипты,
➢ проверяет право на практику в вашей стране,
➢ оформляет CES Report — он необходим для подачи в Board of Nursing каждого конкретного штата.

После получения CES вы сможете подать заявку на допуск к NCLEX-RN — главному экзамену для лицензирования медсестёр в США.

Врачи: через ECFMG

Для врачей путь идёт через ECFMG (Educational Commission for Foreign Medical Graduates, www.ecfmg.org). Что нужно:

➢ Зарегистрироваться в системе EPIC (для верификации диплома),
➢ Пройти подтверждение документов,
➢ Сдать USMLE Step 1 и Step 2 CK (экзамены на знание доктора медицины, MD),
➢ После этого — участвовать в резидентуре (обязательное условие для лицензии).

Важно: без участия в американской резидентуре, даже опытный врач не сможет практиковать.

Стоматологи и фармацевты

Для стоматологов и фармацевтов эвалюация проходит через узкоспециализированные органы:

➤ Стоматологи: чаще всего — программа Advanced Standing в стоматологических школах. Нужно подтвердить диплом и пройти 2 года обучения.

➤ Фармацевты: через NABP (National Association of Boards of Pharmacy) и программу FPGEC (Foreign Pharmacy Graduate Examination Committee): www.nabp.pharmacy

Полезность

➤ Проверьте сайт Board of Nursing или Medical Board вашего штата — в каждом свои нюансы.

➤ Некоторые штаты принимают CGFNS CES сразу, другие требуют дополнительные экзамены.

➤ Врачи могут заранее готовиться к USMLE через www.usmle.org — материалы доступны онлайн.

Ваш медицинский опыт — огромная ценность. Но в США его нужно провести через систему допуска. Нет смысла обижаться на систему: это не недоверие. Это — фильтр, который вы вполне можете пройти. Главное — не останавливаться на этапе «я ничего не могу». Вы можете. Только постепенно, шаг за шагом.

Лицензии: обязательны в каждом штате — NCLEX, USMLE, NAPLEX и др.

В США нет единой лицензии, действующей на всей территории страны. Давайте кое-что проясним. «Юнайтед Стейтс» — это «Объединённые государства», а все же не «Соединённые Штаты» в нашем стандартном понимании. Надо понять и принять, что «штат» в США — это практически отдельная страна, находящаяся в объединении, в содружестве с другими такими же «странами», но у неё свои законы и свои правила. Да, есть «надстрановый регулятор» в виде федерального правительства, но ориентироваться надо на законы и правила вашей мини-«страны», то есть конкретно вашего штата. Это не «область», не «край» или «федеральный округ», к которым вы привыкли, и не ощущали там каких-то сложностей в устройстве на работу, переезжая, скажем, с Таймыра в Краснодар — в Штатах другая политическая система внутреннего устройства: тут именно государства, каждое из которых вольно устанавливать собственную политику. Каждый штат регулирует медицинские профессии самостоятельно, через собственные лицензирующие советы — State Boards. Поэтому, даже если вы подтвердили диплом, вы не сможете работать без сдачи профильного экзамена и получения лицензии именно в том штате, где планируете работать. Вот ключевые экзамены, которые открывают путь к лицензии:

NCLEX-RN (для медсестёр)

Официальный экзамен для получения лицензии медсестры в США. Проводится под контролем National Council of State Boards of Nursing.

➢ Длительность — около 5 часов, 75–145 вопросов.
➢ Формат — компьютерный адаптивный тест.
➢ После успешной сдачи — подаёте заявление в Board of Nursing штата и получаете лицензию RN.

Перед сдачей требуется:

➢ Эвалюация через CGFNS,
➢ В некоторых штатах — предварительное одобрение от Board of Nursing.

USMLE Step 1, Step 2 CK, Step 3 (для врачей)

Это серия экзаменов для тех, кто хочет работать врачом в США:

➢ Step 1 — базовые медицинские науки,
➢ Step 2 CK — клинические знания,
➢ Step 3 — практическое принятие решений (защищают уже в резидентуре или после неё).

Без этих экзаменов вы не сможете участвовать в Match (распределение в резидентуру), а без резидентуры невозможно получить лицензию на практику.

NAPLEX (для фармацевтов)

Экзамен на знание фармакологии, взаимодействия препаратов, расчётов доз и стандартов. Проводится через NABP (National Association of Boards of Pharmacy). Перед сдачей требуется:

➢ FPGEC-сертификация,
➢ Подтверждение диплома и знания английского языка.

Полезность

➢ Всегда начинайте с сайта State Board вашего штата. Там есть инструкции, чеклисты, список шагов и сроков.

➢ Многие штаты разрешают сдавать экзамен в одном штате, но подаваться на лицензию можно и в другом, указывая свой (через систему nursys — для медсестёр).

➢ Если вы сомневаетесь, с чего начать — найдите чужой опыт: форумы, Reddit, видео на YouTube — часто они содержат больше практических нюансов, чем официальные сайты.

В США нельзя просто «быть врачом» или «работать медсестрой» — вы должны официально подтвердить право практиковать. Но это не повод опускать руки. Экзамены — это маршрут, а не стена. Если у вас есть знания, вы сможете пройти этот путь. Штат за штатом, шаг за шагом.

Для врачей: подтверждение через ECFMG + сдача Step 1–2–3 + резидентура

Если вы — врач с дипломом, полученным за пределами США, путь к медицинской лицензии здесь потребует усилий, но он вполне реален. В отличие от некоторых стран, США разрешают иностранным врачам практиковать, если они пройдут официальную процедуру подтверждения и обучения. Этот процесс чётко регламентирован и состоит из трёх ключевых этапов: подтверждение через ECFMG, сдача экзаменов USMLE Step 1–2–3 и прохождение резидентуры.

1. **Подтверждение диплома: ECFMG**

Первый шаг — регистрация в ECFMG (Educational Commission for Foreign Medical Graduates, www.ecfmg.org.) Что нужно:

➢ Зарегистрироваться в системе EPIC;

➢ Отправить диплом и приложение — они будут проверены и подтверждены;

➢ Получить ECFMG ID, который даёт право сдавать экзамены USMLE.

2. **Экзамены: USMLE Step 1, Step 2 CK, Step 3**

Эти экзамены являются обязательным условием для допуска в резидентуру и дальнейшего получения медицинской лицензии:

➤ Step 1 — базовые медицинские науки (анатомия, биохимия, физиология);

➤ Step 2 CK — клинические знания: диагностика, лечение, практика;

➤ Step 3 — клиническое мышление и принятие решений. Сдаётся после начала резидентуры или во время стажировки.

Каждый этап требует подготовки — в среднем от 6 до 12 месяцев, особенно если вы совмещаете подготовку с работой или семьёй.

3. Резидентура: обязательный этап

После успешной сдачи экзаменов вы подаётесь через систему ERAS на участие в Match — распределение в программы резидентуры. Это настоящая конкуренция: важно не только сдать экзамены, но и иметь:

➤ Рекомендации от американских врачей;

➤ Клинический опыт в США (observership, externship);

➤ Мотивационное письмо и резюме по местным стандартам.

После приёма в резидентуру (обычно 3–5 лет, в зависимости от специальности), вы получаете право сдавать Step 3 и затем — подаваться на полную лицензию врача в США.

 **Полезность**

➤ Начинайте с регистрации в ECFMG — без неё остальные шаги невозможны.

➤ Планируйте бюджет: каждый экзамен стоит $1000+, плюс расходы на материалы, подготовку, переводы и документы.

➤ Используйте бесплатные ресурсы: USMLE-Rx, AMBOSS, First Aid for USMLE, форумы и чаты для иностранных врачей (IMG).

➤ Для клинической практики в США ищите observership programs — часто они доступны через teaching hospitals.

Для медсестёр: сдача NCLEX после оценки диплома

Если вы — дипломированная медсестра, то ваш путь в этой профессии в США вполне возможен, но начинается с одного важного шага: официального признания вашего образования и сдачи экзамена NCLEX-RN. Без этого вы не сможете получить лицензию Registered Nurse (RN) и работать по профессии, даже если за плечами — многолетняя практика.

Шаг 1. Эвалюация через CGFNS

Первым делом необходимо пройти оценку диплома через CGFNS (Commission on Graduates of Foreign Nursing Schools).

Официальный сайт: www.cgfns.org

Вы подаёте:

➢ диплом медсестры,

➢ академическую справку с часами и предметами,

➢ подтверждение права на практику в вашей стране.

CGFNS оформляет CES Report — это официальный отчёт, который отправляется в Board of Nursing выбранного штата.

Некоторые штаты (например, Нью-Йорк, Техас, Флорида) требуют только CES. Другие (например, Калифорния) могут потребовать дополнительные шаги или собственную эвалюацию.

Шаг 2. Сдача экзамена NCLEX-RN

После получения одобрения от Board of Nursing вы получаете право сдавать NCLEX-RN — главный лицензионный экзамен для медсестёр в США. Формат:

➢ 75–145 вопросов,

➢ компьютерный адаптивный тест (сложность зависит от ваших ответов),

➢ проверяются клиническое мышление, безопасность, приоритеты в уходе, фармакология.

Подготовка к экзамену занимает в среднем 3–6 месяцев, особенно если вы одновременно подтягиваете английский и адаптируетесь к американской терминологии.

Полезность

➢ Используйте платформы UWorld и Kaplan NCLEX Prep — они дают отличную тренировку по формату.

- ➢ Зарегистрируйтесь на сайте NCSBN — это официальный разработчик экзамена: www.ncsbn.org
- ➢ Многие колледжи предлагают NCLEX Review Courses — очные и онлайн, в том числе адаптированные для иностранных медсестёр.

Ваш диплом — это основа, но в США вас будут оценивать по местным стандартам. NCLEX — не просто тест: это способ доказать, что вы готовы заботиться о пациентах здесь и сейчас. Пройдя этот путь, вы получаете не только право работать, но и возможность стабильной, востребованной и достойной карьеры в любой точке страны.

Дентал/фармация: часто требуют учёбу в американской школе (1–2 года)

Если вы — стоматолог или фармацевт с иностранным дипломом, вам, скорее всего, придётся пройти дополнительное обучение в США, прежде чем вы сможете получить лицензию и вернуться к практике. В отличие от медсестёр или врачей, здесь недостаточно просто подтвердить диплом или сдать экзамен — почти все штаты требуют обязательную учёбу в американской профессиональной школе.

Для стоматологов

Ваш диплом должен быть сначала подтверждён через CAAPID (Centralized Application for Advanced Placement for International Dentists) — это централизованная платформа для подачи заявлений в программы Advanced Standing. Эти программы:
- ➢ Предназначены специально для иностранных стоматологов,
- ➢ Дают возможность доучиться 1,5–2 года,
- ➢ После окончания вы получаете Doctor of Dental Surgery (DDS) или Doctor of Dental Medicine (DMD), как и американские выпускники.

Только после этого вы получаете право сдавать NBDE / INBDE (экзамены по стоматологии) и подаваться на лицензию в своём штате.

Для фармацевтов

Ваш путь начинается с FPGEC (Foreign Pharmacy Graduate Examination Committee) от NABP (National Association of Boards of Pharmacy, www.nabp.pharmacy). Этапы:

1. Подтвердить диплом через FPGEC.
2. Сдать TOEFL iBT (важно: только формат с разговорной и письменной частью).
3. Пройти FPGEE — экзамен по фармакологии, клинической практике и фармацевтическим системам США.
4. Затем — учёба в фармацевтической школе США (обычно 1–2 года), в рамках так называемой internship or PharmD bridge.
5. И только после этого — сдача NAPLEX и получение лицензии.

Полезность

➢ CAAPID: www.adea.org/CAAPID — здесь вы найдёте список всех школ, сроки подачи и требования.

➢ Многие программы принимают не всех — обратите внимание на GPA, TOEFL и наличие клинического опыта.

➢ По дентальным программам нередко можно получить scholarship или рассрочку — но количество мест ограничено.

➢ По фармацевтической линии лучше подаваться в колледжи в штатах, где меньше конкуренция (например, Монтана, Айова, Небраска).

Да, путь может показаться длинным. Но если вы действительно хотите вернуться в профессию — учёба в американской профессиональной школе — не препятствие, а прямой и надёжный маршрут к вашей новой лицензии. И в отличие от нуля, вы начинаете не сначала, а с прочным фундаментом.

Альтернатива: CNA, Medical Assistant

Если вы имеете медицинское образование, но понимаете, что путь к полноценной лицензии (через NCLEX, USMLE или FPGEC) займёт годы, вы можете начать с альтернативных медицинских позиций, которые доступны быстрее. Две самые популярные и доступные — это CNA (Certified Nursing Assistant) и Medical Assistant.

CNA (сертифицированный помощник медсестры)

Это одна из самых востребованных начальных позиций в американской системе здравоохранения. CNA помогает пациентам в базовом уходе: измеряет давление, следит за гигиеной, помогает с приёмом пищи и передвижением. Это не врачебная и не сестринская практика, но возможность быть в системе и параллельно готовиться к следующему шагу.

> ➤ Обучение: 4–12 недель в зависимости от программы.
> ➤ Стоимость: от $500 до $2000 (в некоторых штатах — бесплатно через Job Training).
> ➤ После обучения — экзамен и регистрация в State Nurse Aide Registry.
> ➤ Работать можно в больницах, хосписах, реабилитационных центрах и домах престарелых.

Medical Assistant (MA)

Эта роль ближе к медсестре: вы участвуете в амбулаторных приёмах, измеряете параметры, готовите пациентов к осмотру, заполняете документацию. В некоторых штатах MA даже делает инъекции и забор крови (с соответствующим сертификатом).

> ➤ Обучение: от 3 до 12 месяцев, часто при community colleges.
> ➤ После обучения можно сдать экзамен на CMA (Certified Medical Assistant) или RMA (Registered Medical Assistant).
> ➤ Большой плюс: опыт учитывается, если у вас есть медобразование, что может сократить продолжительность курса.

Полезность

> ➤ CNA и MA — официально признанные профессии с лицензией или сертификацией, а не просто «временная работа».
> ➤ Начальная зарплата — от $17 до $26 в час, в зависимости от штата.

> ➤ Многие больницы и клиники оплачивают обучение, если вы потом отработаете у них 6–12 месяцев.
> ➤ Идеальный путь: начать с CNA или MA, параллельно готовиться к NCLEX или USMLE, и со временем перейти в полную медицинскую позицию.

Если у вас пока нет ресурсов, времени или статуса, чтобы сразу получить лицензию врача или медсестры — CNA и Medical Assistant дают возможность начать работать в системе здравоохранения США, не теряя времени и сохраняя связь с профессией. Это не откат, а тактический шаг. И у многих — именно с него всё начинается.

Юристы и адвокаты

 Если вы — юрист с образованием из-за рубежа, вам знакомо чувство «профессионального обнуления» при переезде в США. Всё, что вы изучали годами — гражданское право, арбитраж, уголовный процесс — здесь кажется бесполезным. Местные адвокаты учатся по другой системе, говорят на другом юридическом языке и оперируют совершенно иными нормами. Но правда в том, что ваш опыт не исчез. Он требует перевода и адаптации, а не уничтожения. Множество иммигрантов, включая и меня, успешно проходят этот путь — подтверждают диплом, получают LL.M., сдают Bar Exam и находят своё место в юридической системе США.

Первый шаг — понять, как признать своё образование.

Второй — решить, как использовать его с максимальной выгодой, не теряя годы на переподготовку. Именно с этого начинается ваш новый юридический путь в Америке.

Эвалюация LL.B. или Specialist Degree через NACES

Если у вас есть степень LL.B., Specialist Degree по праву или магистратура, полученная за пределами США, вам потребуется эвалюация образования через одну из организаций, входящих в NACES (National Association of Credential Evaluation Services).

Сайт: www.naces.org/members

Эвалюация — это официальный способ показать, что ваше юридическое образование сопоставимо с американским bachelor's degree или выше. Без этого вас не допустят:

➢ ни к подаче на программу LL.M. (если она того требует),

➢ ни к Bar Exam (если вы подаётесь как foreign-educated attorney),

➢ ни к юридическим стажировкам, где нужно объяснить ваш уровень.

Как проходит процесс:

1. Выбираете организацию (WES, ECE, SpanTran и др.). Я выбирал WES.

2. Регистрируетесь и подаёте
   - диплом,
   - приложение с оценками (академическую справку),
   - перевод (официальный).

- Уточняете, какой формат отчёта нужен: document-by-document или course-by-course (второй предпочтителен).

3. Получаете результат: например, equivalent to U.S. Bachelor's in Law / Master's in Law.

Обратите внимание: эвалюация — это не лицензия и не юридическое признание. Это технический этап, без которого невозможен следующий шаг — обучение или сдача экзамена.

Полезность

➢ Если планируете сдавать Bar Exam без LL.M. — проверьте сайт Bar Admission Office вашего штата: не все штаты принимают foreign degrees.

➢ Некоторые штаты (например, Калифорния и Нью-Йорк) позволяют сдавать экзамен иностранным юристам после оценки диплома и подачи через Board of Law Examiners.

➢ Course-by-course отчёт даёт больше возможностей: его можно использовать и для поступления, и для подтверждения уровня.

Эвалюация — это формальность, но крайне важная. Пройдя её, вы не просто «иностранный специалист» — вы становитесь кандидатом, чьё образование уже признано системой. А дальше — дело за стратегией.

Полезные ссылки и ресурсы

Название	Сайт	Комментарий
NACES — официальный список эвалюаторов	www.naces.org/members	Ассоциация признанных организаций, которые производят эвалюацию иностранных дипломов. Используйте только те, которые есть в этом списке.
WES (World Education Services)	www.wes.org	Самый популярный провайдер эвалюации. Принимается многими вузами и Bar Associations. Подходит для *document-by-document* и *course-by-course* отчётов.
SpanTran: The Evaluation Company	www.spantran.com	Удобный и понятный сервис, особенно для подачи в университеты. Часто предлагает шаблоны переводов и инструкции по странам.
ECE (Educational Credential Evaluators)	www.ece.org	Хороший вариант, если вам нужен *course-by-course* отчёт для поступления или детального разбора предметов.
Bar Admission Guide (NCBE)	www.ncbex.org/bar-admissions/admission-guide	Полный справочник по требованиям к иностранным юристам в разных штатах США. Обновляется ежегодно. Особенно важен, если вы хотите сдавать Bar Exam без LL.M.
New York Board of Law Examiners (NY BOLE)	www.nybarexam.org/Foreign/ForeignLegalEducation.htm	Страница с официальными требованиями к иностранному юридическому образованию для допуска к экзамену в штате Нью-Йорк.
California Bar — Foreign Education Evaluation	www.cal-bar.ca.gov/Admissions/Requirements/Education/Legal-Education/Foreign-Education	Подробные инструкции для иностранных юристов, включая возможность подачи на Bar без LL.M.

Золотой совет

Перед заказом эвалюации обязательно уточните у Bar Association или LL.M. программы, какой формат отчёта нужен и какую организацию они принимают. Это может сэкономить вам до 5 недель времени и $300+ на повторной эвалюации.

Возможность сдачи Bar Exam: только в некоторых штатах (например, NY, CA)

Если вы юрист с образованием, полученным за пределами США, вы не можете просто так подать документы и пойти сдавать Bar Exam в любом штате. В большинстве штатов это невозможно без американского диплома JD. Но есть исключения — некоторые штаты допускают иностранных юристов к экзамену, при соблюдении определённых условий. Самые известные и открытые из них — Нью-Йорк и Калифорния.

Нью-Йорк (New York Bar)

В Нью-Йорке вы можете быть допущены к Bar Exam, если у вас:

➢ есть иностранный диплом по праву (LL.B., Specialist Degree),

➢ программа соответствовала минимуму академических часов и содержала базовые правовые дисциплины.

Вам нужно:

1. Подать пакет документов через NY Board of Law Examiners,
2. Пройти оценку образования (чаще всего через WES),
3. Получить письмо о допуске или требовании пройти LL.M.

Если ваш диплом не соответствует стандарту, вас могут обязать закончить один год LL.M. в США с изучением американского права (например, Конституции, Профэтики, и т. д.).

Калифорния (California Bar)

Калифорния более гибка. Здесь вы можете быть допущены к экзамену:

➢ либо после получения LL.M.,

➢ либо, если ваша программа признана «equivalent» + вы сдали First-Year Law Student Exam (Baby Bar),

➢ либо если у вас есть опыт, и вы подаётесь как foreign legal consultant.

Важно: California Bar требует прямого общения и обширного пакета документов. Часто — перевод куррикулума, академических программ и нагрузок.

Полезность

➢ Полный список штатов и требований доступен здесь: www.ncbex.org/jurisdictions

➢ Не все LL.M. программы подходят под требования NY Bar — заранее уточняйте список аккредитованных курсов.

Да, путь к Bar Exam для иностранного юриста — это квест. Но он возможен. Главное — не пытаться идти «вслепую», а выбрать штат, где двери открыты. И помнить: даже если 45 штатов говорят «нет», вам достаточно одного штата, который скажет «да».

LL.M. + Bar Exam — самый частый путь

Если вы — иностранный юрист и хотите получить лицензию в США, самый распространённый и реалистичный маршрут — это программа LL.M. (Master of Laws) в американском университете, а затем сдача Bar Exam в одном из допускающих штатов (чаще всего Нью-Йорк или Калифорния). LL.M. — это одногодичная магистратура для тех, у кого уже есть юридическое образование. Она даёт вам:

➢ понимание американской правовой системы,

➢ возможность изучить ключевые дисциплины (например, Конституционное право, Деликты, Договорное право, Профэтику),

➢ и самое главное — формальный допуск к Bar Exam, если программа соответствует требованиям.

Как это работает:

1. Вы поступаете в LL.M. программу в аккредитованном вузе (ABA-approved).

2. Выбираете нужные курсы — важно, чтобы они соответствовали требованиям конкретного штата (например, WA и NY требует минимум 24 кредита, из которых 12 — по американскому праву).

3. По окончании программы подаётесь в Bar Association штата и получаете допуск к экзамену.

4. Сдаёте Bar Exam — двухдневный экзамен, включающий тест по множественному выбору (MBE), эссе и профессиональную этику.

Почему это работает?

LL.M. — это проверенный путь. Его выбирают тысячи иностранных юристов каждый год, особенно из стран с континентальной системой права. Он занимает от 10 до 48 месяцев, стоит дешевле, чем полный JD, и в ряде штатов открывает те же самые двери, что и для американских выпускников.

Кроме того, за год LL.M. вы:

➢ нарабатываете язык и терминологию,

➢ получаете рекомендации от американских профессоров,

➢ участвуете в стажировках и legal clinics,

➢ и выходите на рынок с уже «локальным» образованием.

 **Полезность**

➢ Не все LL.M. программы дают право на Bar — уточняйте это заранее на сайте университета.

➢ Лучше выбирать LL.M. в штате, где вы планируете сдавать экзамен — это упростит процесс подачи.

➢ Узнайте, предлагает ли программа Bar Track или Bar-Eligible Curriculum — это упрощает выбор курсов.

➢ Многие университеты предлагают оплату в рассрочку или частичные стипендии для иностранных юристов.

LL.M. — это не шаг назад. Это инвестиция в ваш новый профессиональный статус. Вы не просто продолжаете карьеру — вы выходите на рынок с международным преимуществом. И именно этот год может стать самым трансформирующим в вашей юридической биографии.

Альтернатива: стать paralegal / legal consultant без лицензии

Если вы — юрист из другой страны, но пока не готовы тратить годы на LL.M. и на подготовку к Bar Exam, это не значит, что ваш путь в юридическую сферу США закрыт. У вас есть реальная альтернатива: начать карьеру с позиции paralegal или legal consultant. Это не временные «низшие» роли, а полноценные позиции, где вы можете применять свои знания и накапливать местный опыт.

Paralegal (паралигал)

Paralegal — это помощник юриста или адвоката, который:

- ➢ готовит документы,
- ➢ проводит юридические исследования,
- ➢ заполняет формы,
- ➢ общается с клиентами и судами (под контролем адвоката).

Важно: paralegal не имеет права давать юридические советы напрямую, но при этом выполняет огромный объём реальной юридической работы. Эта позиция не требует лицензии и часто не требует даже американского образования — достаточно сертификата или опыта. Где получить сертификат:

- ➢ Community Colleges (12–24 месяцев),
- ➢ Online-платформы (например, National Paralegal College, CLS by BARBRI),
- ➢ Иногда работодатели берут без сертификата, если у вас сильное резюме и опыт.

Legal Consultant (консультант по иностранному праву)

В некоторых штатах, например, Вашингтон, Нью-Йорк, Калифорния, Иллинойс, вы можете подать заявление на статус Foreign Legal Consultant (FLC). Это официальное разрешение практиковать право вашей страны в пределах США, без сдачи Bar Exam, при условии, что вы не консультируете по американскому праву. Это востребовано, если вы:

- ➢ представляете интересы компаний с международными делами,
- ➢ работаете с клиентами из своей страны,
- ➢ консультируете по иностранному праву, контрактам, торговле, семейным делам и т.д.

Процедура подачи включает:

- ➢ подтверждение вашей лицензии/статуса в родной стране,

- ➤ опыт работы (обычно 3–5 лет),
- ➤ письменные рекомендации и иногда — присяжный перевод диплома.

Полезность

- ➤ Paralegal — отличный старт: вы можете работать в офисе адвоката, понимать, как работает система, и параллельно готовиться к Bar или LL.M.
- ➤ Зарплата paralegal — от $20 до $40/час, зависит от штата и специализации.
- ➤ FLC подходит, если вы хотите работать с бизнесом, международными сделками или планируете создать нишевую юридическую практику.
- ➤ Официальные правила для FLC — на сайтах Bar Association штатов, например:
  - www.calbar.ca.gov
  - www.nycourts.gov

Apprenticeship way: путь к адвокатуре без учёбы в вузе

Мало кто знает, что в некоторых штатах США можно стать адвокатом без учёбы в юридической школе. Этот путь называется Law Office Study Program (LOSP) или Apprenticeship path. Он позволяет изучать право под наставничеством лицензированного адвоката, параллельно работая в его офисе. Такой путь непрост, но вполне реален — его выбрали, например, Авраам Линкольн и, в наше время, Ким Кардашьян. Где это возможно? В данный момент — только в четырёх штатах:

- Калифорния
- Вирджиния
- Вашингтон (штат)
- Вермонт

Каждый штат предъявляет свои требования, но суть везде одна: вы работаете и учитесь у адвоката 3–4 года, ведёте дневник часов, сдаёте промежуточные экзамены — и после этого получаете допуск к сдаче Bar Exam, как будто вы окончили программу JD или LLM.

Как это работает?

1. Вы находите адвоката (или law office), соответствующего критериям программы (обычно не менее 5–7 лет опыта работы) и готового взять на себя роль наставника.

2. Подаёте заявление в Bar Association штата с планом обучения.

3. Учитесь и работаете одновременно — минимум 18–30 часов в неделю, 3–4 года подряд.

4. Ведёте учёт всех тем и часов, регулярно отчитываетесь перед Bar.

5. После окончания — сдаёте Bar Exam.

В Калифорнии, например, вы также обязаны сдать First-Year Law Student Exam (Baby Bar) после первого года обучения.

Подходит ли именно вам? Возможно, если вы:

➢ уже имеете юридический опыт из своей страны,

➢ хотите избежать затрат на LL.M. или JD,

➢ готовы к дисциплине, самообучению и постоянной практике,

Но нужно понимать: этот путь сложен. У вас не будет студенческой визы, кампуса или академической поддержки. Вы идёте через работу и самообразование — это требует высокой самоорганизации.

Полезность

➢ Ознакомьтесь с правилами по LOSP: www.calbar.ca.gov
barexam.virginia.gov

➢ Найдите адвоката, заинтересованного в mentorship — многие охотно берут мотивированных учеников, особенно если вы уже помогаете как paralegal.

➢ Вы можете совмещать apprenticeship с частичной занятостью или волонтёрской практикой.

Да, путь через apprenticeship — не для всех. Но он даёт возможность тем, кто уверен в себе, идти к адвокатской лицензии без кредитов, без университетов и без формальностей, опираясь на реальные знания и практику.

Бухгалтеры, экономисты, финансисты

 Базовые пути: Bookkeeper, Tax Preparer, Accounting Clerk

Когда я только начал разбираться в том, как работают финансы в США, у меня была знакомая — назовём её Наталья. В прошлом она работала бухгалтером на Украине, имела высшее экономическое образование, но, приехав в США, столкнулась с полной неизвестностью. Английский был на уровне «спросить дорогу», диплом никто не признавал, а про CPA она слышала, как про что-то далёкое и недоступное. Но Наталья не сдалась. Она начала с малого — пошла на курс Bookkeeping for Small Business в местном community college. Это обошлось ей в $550 и заняло 10 недель. После этого — устроилась на позицию Accounting Clerk в небольшую логистическую фирму с зарплатой всего в 18 долларов в час. Не мечта, конечно, но старт есть. Через год она сдала экзамен на Registered Tax Preparer и начала помогать с налогами в сезон их сдачи. На второй год — работала уже в H&R Block, а ещё через год — открыла свой маленький офис, оформила PTIN + EFIN, получив право подавать декларации от имени клиентов. Сейчас она зарабатывает более $80,000 в год, работает удалённо, в сезон нанимает помощников и — главное — сама управляет своей карьерой.

Кто такие Bookkeeper, Tax Preparer и Accounting Clerk?

Это не лицензированные, но абсолютно легальные и востребованные позиции, с которых начинают путь в финансовой сфере тысячи иммигрантов. Вам не нужно ждать признания диплома, получать лицензию CPA или проходить многолетние программы. Эти профессии можно освоить быстро и применить уже в первый год после переезда.

Bookkeeper

Чем занимается: ведение учёта доходов и расходов, подготовка отчётности, работа в QuickBooks или аналогичных системах, взаимодействие с клиентами малого бизнеса.

Где учиться:

➢ Курсы в community colleges — от 8 до 16 недель, стоимость от $300 до $1000

➢ Онлайн-курсы:

- QuickBooks Certification by Intuit — $199
- Bookkeeping Bootcamp (Udemy) — от $20
- Coursera / edX — бухгалтерский учёт с выдачей сертификатов

Начальная зарплата: $18–24/час, через 3 года — $30–40/час (особенно если вы ведёте несколько клиентов как фрилансер).

Tax Preparer

Чем занимается: подготовка налоговых деклараций для физических лиц и малого бизнеса, объяснение вычетов, помощь в электронных подачах (e-filing). Что нужно:

➤ Получить PTIN от IRS (бесплатно): rpr.irs.gov
➤ Пройти 60–80 часов курсов (например, California CTEC, IRS Annual Filing Season Program)
➤ Для Калифорнии обязательно зарегистрироваться через CTEC и купить страховку (от $30/год)

Начальная зарплата: $17–25/час в сезон, $3000–5000 в месяц как контрактник, через 3 года: $60–90/час или $100,000+/год в собственном бизнесе

Accounting Clerk

Чем занимается: обработка счетов, банковская сверка, занесение данных, помощь бухгалтеру или CPA, работа в ERP-системах (SAP, Xero, QuickBooks). Как устроиться:

➤ Часто достаточно общего образования + уверенного английского + курса Excel
➤ Желательно пройти онлайн-курс по бухгалтерскому учёту и получить хотя бы базовый сертификат

Начальная зарплата: $18–22/час, через 3 года — $27–35/час в крупной компании или при продвижении до Staff Accountant

Полезность
➤ Начните с бесплатного курса Intuit QuickBooks: quickbooks.intuit.com/learn-support/en-us/help-article
➤ Зарегистрируйтесь для получения PTIN от IRS — это открывает путь к легальной работе в налоговой сфере

- ➤ Создайте профиль на Upwork, Thumbtack, Bark — там ищут бухгалтеров-фрилансеров для малого бизнеса
- ➤ Даже без лицензии CPA вы можете зарабатывать $50,000+ в год уже через 12 месяцев, если специализируетесь на налогах и bookkeeping

Финансовый итог

- ➤ Bookkeeper / Accounting Clerk / Tax Preparer — это не тупиковые позиции, а реальные карьеры, в которых можно расти и развиваться.
- ➤ На старте: $17–24/час ($36,000–50,000 в год)
- ➤ Через 3 года с портфолио и клиентами: $70,000–100,000+

Вы не обязаны ждать. Уже в этом году вы можете начать зарабатывать на том, что умеете, и строить карьеру без лицензии — шаг за шагом. Ваша дисциплина, знание цифр и умение быть полезным бизнесу — это уже ваша сила.

Бесплатные материалы к этому разделу, которые вы можете найти на сайте Drimusary.com
- ➤ Шаблон договора для оказания услуг по бухгалтерии / налогам (на английском)
- ➤ PDF-памятка «10 ошибок начинающего бухгалтера»

Рекомендованные книги

Книга на русском языке - «**Бухгалтерский учет для начинающих**» — издательство МИФ, 2021, авторы: Даррел Маллиган и Джеймс Харпер. Практическое руководство по основам бухгалтерии, построенное на американских примерах. Объясняет, как работать с учетными программами (включая QuickBooks), понимать финансовую отчётность, налоги и управленческий учет .

Книга на английском языке - «**Bookkeeping All-in-One For Dummies – US Edition**» — Lita Epstein, 4-е издание, 2022. Один из самых продаваемых в США практических справочников по ведению бухгалтерии для малого бизнеса.

Как получить CPA-лицензию?

Если вы бухгалтер, экономист или финансист с образованием из другой страны, то самым признанным профессиональным статусом в США для вас станет CPA (Certified Public Accountant) — лицензия, которая открывает доступ к аудиту, финансовому консалтингу, налоговой практике и даже к должностям CFO. Это не просто сертификат — это лицензия штата, и путь к ней строго регламентирован.

Что нужно для CPA-лицензии?

Лицензирование проходит через NASBA (National Association of State Boards of Accountancy, nasba.org). Но чтобы получить допуск к экзамену и затем лицензию, вам необходимо выполнить три ключевых условия:

1. **Эвалюация диплома**

Ваш диплом, полученный за пределами США, должен быть официально признан эквивалентом американского бакалавриата с учётом бухгалтерского компонента. Как это сделать:
   - Заказать course-by-course evaluation через одну из признанных организаций. Наиболее популярные:
   - NASBA International Evaluation Services (NIES): nasba.org/international
   - WES (в некоторых штатах): www.wes.org
   - FACS, SpanTran, Educational Perspectives

Цена эвалюации: $200–300, срок: 4–6 недель (включая пересылку и перевод)

Важно: не все штаты принимают одни и те же организации. Перед заказом уточните список рекомендованных эвалюаторов на сайте Board of Accountancy вашего штата.

2. **Наличие 150 кредитов по американской системе**

По сути, это означает наличие:
   - Степени бакалавра (примерно 120 кредитов)
   - Дополнительного образования (ещё 30 кредитов) — часто это магистратура, или онлайн-курсы, или community college

В том числе, должно быть не менее:

- 24–30 кредитов в области бухгалтерского учёта (accounting courses)
- 20+ кредитов в бизнес-дисциплинах (экономика, финансы, маркетинг и др.)

Вы можете «добрать» недостающие кредиты:
- Онлайн-курсами (например, University of Phoenix, Western Governors University, UCLA Extension, StraighterLine)
- Через community colleges (особенно дешёвый путь: $200–400 за курс)

3. Сдача экзамена CPA (Uniform CPA Exam)

Состоит из четырёх секций:
- AUD — Auditing and Attestation
- BEC — Business Environment and Concepts
- FAR — Financial Accounting and Reporting
- REG — Regulation (налоги, право)
- Формат: 4 экзамена по 4 часа каждый, сдаются отдельно

Стоимость: ~$250–300 за каждую секцию (итого ~$1000–1200). Срок: все части нужно сдать в течение 18 месяцев после первой успешной попытки. Экзамены проводятся на платформе Prometric www.prometric.com. И после сдачи экзаменов — подаётесь на лицензию CPA через штат, где вы сдавали экзамен, но некоторые штаты также требуют:
- 1 год подтверждённого опыта работы под руководством CPA
- Сдачу Ethics Exam (например, от AICPA)

Полезность
- Не подавайте документы на эвалюацию, пока не определите штат: у каждого — разные требования.
- Выбирайте штаты без «residency requirement»: например, Colorado, Illinois, Alaska, New Hampshire позволяют подаваться, не живя там.
- Если у вас не хватает кредитов — можно добрать их онлайн в течение нескольких месяцев и даже одновременно сдавать экзамены.

➢ Используйте платформы: Becker, Surgent CPA Review, Gleim — для подготовки к экзаменам, с расписаниями, симуляцией и банком вопросов.

➢ Программы Pathway to CPA for International Candidates доступны в ряде вузов — это официально упрощённые маршруты.

Получение CPA — это действительно сложный путь. Но именно он отделяет «просто опытного бухгалтера» от юридически признанного профессионала с правом подписи, отчётности, налоговой практики и аудита. Если вы его пройдёте, двери в американскую финансовую систему для вас откроются на равных. А это значит — стабильная карьера, высокая зарплата и доверие.

Помните: Америка — страна иммигрантов; все, кого вы видите на улицах, в своём окружении, в телевизоре — почти все когда-то приехали сюда так же, как и вы, или их папы с мамами приехали, или их дедушки с бабушками (за исключением реально коренных американцев – индейцев). В США нет (или почти нет, не считая гордых потомков пассажиров Мэйфлауэра и локальных социальных групп типа «бостонских браминов») разделения на «недавний» и «наш-родной-коренной» — в огромном большинстве случаев на это не обращают внимания. Здесь ценят профессионализм и полезность. Здесь ценят то как, и как быстро вы смогли пройти все этапы, которые вам предлагает система. Прошли быстро и уверенно, не закисли где-то посередине, повесили дипломы в золотых рамочках на стену своего офиса — всё: вы такой же «свой», как и потомок приехавшего сюда через остров Элис в 1902 году.

 **Бесплатные материалы к этому разделу, которые вы можете найти на сайте Drimusary.com**
➢ Чеклист подготовки к CPA-лицензии (шаги + документы + сроки)

QuickBooks Certification

Что это такое: официальный сертификат от компании Intuit (создателя QuickBooks) — самой популярной бухгалтерской системы в США. Это минимальное требование для всех, кто хочет работать с малым бизнесом как бухгалтер, фрилансер или помощник CPA. Что даёт:

➢ Доверие со стороны клиентов,
➢ Повышение ставки,
➢ Появление в каталоге сертифицированных специалистов на сайте Intuit.

Как получить:

➢ Бесплатный курс: quickbooks.intuit.com/accountants/training/
➢ Длительность: 20–30 часов
➢ Формат: онлайн, на английском, с видео и PDF
➢ После прохождения теста (многовариантный экзамен) — вы получаете официальный сертификат.

Зарплата с сертификацией в начале пути $22–28/час, а через 2–3 года: $40–60/час или $70,000–90,000+/год с фрилансом и собственными клиентами

Enrolled Agent (EA) — статус, признанный IRS

Что это такое: Enrolled Agent — это федерально лицензированный налоговый консультант, который имеет право представлять клиентов перед IRS. Это единственная лицензия, выдаваемая напрямую IRS, и она не требует диплома или CPA.

Что даёт:

➢ Право работать с налогами в любом штате (неограниченная юрисдикция),
➢ Возможность представлять клиентов в налоговых спорах, проверках, возвратах и переплатах,
➢ Более высокая ставка, чем у простых Tax Preparers.

Как стать EA:

1. Пройти три экзамена SEE (Special Enrollment Examination):
2. Individuals
3. Businesses
4. Representation, Practices and Procedures

5. Стоимость каждого экзамена: $206 (всего $618)

6. Подача заявления и проверка благонадёжности: ~$140

7. Сдать все части можно за 3–6 месяцев при активной подготовке

Где учиться:

➢ Gleim EA Review ($499–999)

➢ Surgent EA Review

Зарплата Enrolled Agent на старте (сразу после сдачи экзамена): $50,000–60,000/год, а через 3 года активной практики: $90,000–150,000/год (особенно если вы специализируетесь на бизнес-клиентах, self-employed и налоговых разбирательствах)

Полезность

➢ Зарегистрируйтесь на получение PTIN (обязательно для всех налоговых консультантов): rpr.irs.gov

➢ Найдите группы Enrolled Agents на Facebook, LinkedIn — там делятся опытом и рекомендациями.

➢ Начните с сезонной работы в H&R Block или Liberty Tax — это даёт опыт и может частично оплатить обучение на EA.

Почему это стоит того?

QuickBooks Certification + Enrolled Agent — это путь, который можно пройти без американского диплома, без лицензии CPA, и без долгой учёбы. Всё, что от вас требуется — дисциплина, английский, немного инвестиций в обучение и желание работать. Конечно, на старте Bookkeeper с QuickBooks получает $20–25/час, а EA с нуля — $50,000/год. Но через 3 года зарплата вырастает до $80,000/год для Bookkeeper с постоянными клиентами, и до $120,000–150,000+ для EA с бизнес-портфелем. Это не альтернативный путь. Это коридор к финансовой независимости, который открыт прямо сейчас. Вы можете начать его с любого уровня — и построить карьеру, которая будет расти вместе с вами.

Бесплатные материалы к этому разделу, которые вы можете найти на сайте Drimusary.com

➢ Шаблон чеклиста: путь от Bookkeeper до EA

Сфера красоты (парикмахеры, массажисты и др.)

Я никогда не забуду, как однажды зашёл в парикмахерскую, которую открыла моя знакомая Светлана. Несколько лет назад она была мастером в Москве, имела свою небольшую студию. Когда она приехала в США, то села на кассу в местном продуктовом магазине и честно сказала: «Мне страшно начинать с нуля. А если никто не придёт ко мне стричься?» Но она всё-таки решилась. Поступила в beauty school на курс cosmetology, выучила термины на английском, прошла 1600 часов практики, сдала экзамен в штате Вашингтон и получила лицензию. Сначала работала в чужом салоне, где арендовала кресло, потом открыла свой кабинет. А через три года — у неё уже сеть из двух студий и график на месяцы вперёд. Сейчас она говорит: «Америка не даёт ничего сразу — но если ты вложишься, здесь это возвращается с процентами».

Что нужно знать о лицензиях в сфере красоты?

Почти все профессии в индустрии красоты в США требуют лицензии. И лицензии — это дело сугубо каждого штата, потому что каждый штат имеет своё State Board of Cosmetology (или Cosmetology and Barbering), и именно он определяет:

➢ Сколько часов обучения или практики нужно пройти,
➢ Какие экзамены сдать,
➢ Какие виды деятельности разрешены под какой лицензией.

Парикмахер / Barber / Cosmetologist

➢ Обучение: 1000–1600 часов (зависит от штата)
➢ Учебные заведения: Beauty schools, technical colleges
➢ Стоимость: $4,000–15,000 за весь курс (возможно в рассрочку или с грантами)
➢ Экзамены: письменный (теория) + практический (модель, навыки)

Примеры:

➢ Нью-Йорк: 1000 часов обучения
➢ Калифорния: 1000 часов для Barber, 1600 — для Cosmetologist
➢ Вашингтон: 1400 часов для Cosmetologist

Массажист (Massage Therapist)

➢ Требуется лицензия в большинстве штатов (включая WA, NY, CA)
➢ Обучение: 500–1000 часов
➢ Обязательный экзамен: MBLEx (Massage & Bodywork Licensing Exam)
➢ Стоимость: от $6000 до $12,000 (зависит от школы)

Маникюр / Нейл-техник (Nail Technician)

➢ Требуется отдельная лицензия
➢ Обучение: 300–600 часов
➢ Срок: 3–6 месяцев
➢ Часто можно получить быстрее и дешевле, чем cosmetologist
➢ Цена: от $2000

Сколько времени и денег это занимает?

Профессия	Обучение	Стоимость	Экзамен
Cosmetologist	1000–1600 часов	$5,000–$15,000	Теория + практика
Barber	1000 ч	$4,000–$12,000	Теория + практика
Massage Therapist	500–1000 ч	$6,000–$12,000	MBLEx
Nail Tech	300–600 ч	$2,000–$4,000	Теория

Некоторые школы предлагают курсы на русском или испанском, а также вечерние группы и рассрочку на 12–24 месяца.

Полезность

➢ Найдите State Board of Cosmetology вашего штата — они публикуют полные инструкции, школы, список экзаменов:
  - www.nictesting.org
  - beautyschoolsdirectory.com

➢ В некоторых штатах вы можете перевести часть часов из своей страны — но только после оценки в лицензированной школе.

➢ Многие студенты проходят обучение через adult education programs или community colleges — там дешевле.

➢ Обратите внимание на аппрентис-программы (учёба через стажировку) — они есть у некоторых beauty-школ и позволяют учиться и зарабатывать одновременно.

Сколько можно зарабатывать?

Профессия	На старте	Через 3 года (при своей клиентуре / аренде кресла / собственном кабинете)
Cosmetologist	$20–25/час	$50–80/час или $70,000–100,000+/год
Massage Therapist	$25–35/час	$60–90/час или $90,000+/год
Nail Technician	$18–22/час	$45–65/час + чаевые или свой салон

Что это даёт вам?

Профессии в сфере красоты — это не просто про внешний вид. Это про востребованность, гибкость, независимость и стабильный доход. Вам не нужна лицензия на все штаты и не нужно переучиваться годами. Вы можете получить профессию за 6–12 месяцев, начать зарабатывать уже в процессе учёбы и выйти на $80,000+ в год с постоянными клиентами, рекомендациями и хорошим сервисом. Если вы умеете работать руками, любите контакт с людьми и готовы инвестировать в себя — это один из самых быстрых путей к свободе и стабильному доходу в США. Помните, мы говорили про вежливость и small talks? Нет более близкой, почти интимной возможности для встраивания в среду, чем беседы с клиентами в кресле парикмахера или косметолога. Пользуйтесь этим! Наращивайте свою социализацию — она окупится не только хорошим настроением, не только более быстрым встраиванием в социум — она, в конечном счёте, принесёт вам деньги.

Бесплатные материалы к этому разделу, которые вы можете найти на сайте Drimusary.com

➢ Образец договора аренды кресла

Рекомендованные книги

Книга на английском языке - «**Milady Standard Cosmetology**» — **14th Edition, 2022**. Это признанный во всей индустрии США бестселлер и основной учебник для beauty schools и экзаменов State Board. Охватывает все ключевые дисциплины: теорию, практику, безопасность, санитарные нормы, клиентский сервис. Именно с этой книги готовятся большинство будущих cosmetologist, barber и nail technician в Америке.

Правда ли, что иностранные сертификаты почти нигде в США не признаются?

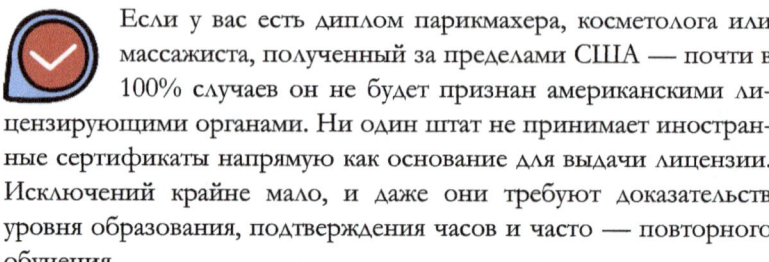 Если у вас есть диплом парикмахера, косметолога или массажиста, полученный за пределами США — почти в 100% случаев он не будет признан американскими лицензирующими органами. Ни один штат не принимает иностранные сертификаты напрямую как основание для выдачи лицензии. Исключений крайне мало, и даже они требуют доказательств уровня образования, подтверждения часов и часто — повторного обучения.

Почему так?

Каждый штат США имеет свой State Board of Cosmetology or Massage, который устанавливает:

➢ точное количество учебных часов (например, 1600 ч. для cosmetology в Калифорнии),

➢ содержание программы (обязательно включение sanitation, infection control, laws & rules),

➢ требование прохождения экзаменов, проводимых NIC или местной комиссией.

Иностранные курсы и сертификаты просто не соответствуют этим стандартам — по структуре, срокам, темам и процедурам контроля. Даже если ваш диплом переведён и апостилирован, он не заменяет обязательные часы обучения и экзамен в США.

Помните, у нас был абзац о 250 годах формирования американской системы? Она формировалась именно для американцев — и только будучи американцем можно стать её частью, чтобы оказывать услуги другим американцам. И эти американцы ждут именно американского (отработанного веками, защищённого) отношения к себе, как к получателям услуг. Хотите оказывать услуги — войдите в систему, которая нарабатывалась 250 лет и станьте её частью.

Что можно сделать?

➢ Обратитесь в выбранную beauty school или massage school и уточните, предоставляют ли они credit for prior learning. Некоторые школы могут зачесть до 25–30% часов, хотя и это редкость.

➤ Если вы проживали в США до получения иностранного диплома, или проходили практику в лицензированном салоне, есть шанс сократить программу — но только по решению школы.

➤ Уточните, можно ли сдать экзамен экстерном (в некоторых штатах возможно для маникюра), но даже в этих случаях требуется проверка часов обучения.

Полезность

➤ Проверьте свой штат: www.nictesting.org/StateBoards

➤ Напишите в школу с запросом: «Do you accept transfer hours or prior foreign credentials?»

➤ В некоторых школах вы можете пройти short-track курс, если у вас уже есть практика — это дешевле и быстрее.

Понимание того, что иностранный сертификат — это не билет, а лишь опыт, поможет вам быстрее перестроиться. Не рассчитывайте на зачет — стройте новую базу. Это быстрее, чем уповать на исключения.

State-approved program

Чтобы получить лицензию в индустрии красоты в США, недостаточно иметь опыт или сертификат. Вам обязательно нужно пройти одобренную штатом учебную программу и сдать лицензирующий экзамен, утверждённый соответствующим State Board.

Что именно требует штат?

Каждый штат устанавливает минимальные требования к лицензированию через местный State Board of Cosmetology, Massage Therapy Board или аналогичный орган. Все они требуют:

➤ Обучения в аккредитованной школе, утверждённой штатом. Это может быть beauty school, massage college или community college с соответствующей программой.

➤ Прохождения определённого количества часов обучения. Примеры:

  o Cosmetologist — от 1000 до 1600 часов

  o Barber — от 900 до 1500 часов

  o Massage therapist — от 500 до 1000 часов

- Nail technician — от 300 до 600 часов
- Сдачи экзамена, чаще всего двухкомпонентного:
  - Теоретическая часть (обычно через NIC — National Interstate Council of State Boards of Cosmetology)
  - Практическая часть (сдаётся на модели или манекене)

Сколько стоит и сколько длится?

- Обучение: от $3,000 до $15,000, в зависимости от штата и профессии
- Продолжительность: от 3 месяцев (на полный день) до 12 месяцев (вечерние программы)
- Экзамены: обычно стоят от $100 до $250
- Некоторые школы предлагают рассрочку или помощь с FAFSA/грантами, если вы легально проживаете в США.

Полезность

- Проверьте список одобренных школ на сайте вашего State Board
- Всегда уточняйте, сколько часов требуется именно в вашем штате — например, Калифорния требует 1600 ч. для cosmetology, а Нью-Йорк — только 1000 ч.
- Сравните школы по цене, графику и срокам — многие предлагают быстрые программы, особенно по manicure/nails

Пройти state-approved программу и экзамен — это не формальность, а обязательный шаг к легальной работе. Чем быстрее вы начнёте учиться, тем быстрее откроете двери в стабильную и доходную профессию.

Рекомендованные книги

Книга на английском языке - «**How to Get Your Cosmetologist License**» (E-Book) (автор: Jamila Jackson). Электронная книга, которая предлагает пошаговое руководство по получению лицензии косметолога, включая требования к обучению, сдаче экзаменов и построению карьеры в индустрии красоты в США.

Программы в местных колледжах (Community colleges)

Если вы ищете способ получить лицензию или практические навыки в сфере красоты с минимальными затратами, обратите внимание на community colleges. Это один из самых доступных и формально признанных путей обучения — с аккредитацией, проверенной программой и возможностью финансирования.

Что дают такие колледжи?

Многие общественные колледжи (community colleges) по всей стране предлагают программы по cosmetology, barbering, esthetics, massage therapy и смежным профессиям. Их ключевые преимущества:

➢ Цена в 2–3 раза ниже, чем в частных школах красоты.

➢ Программы аккредитованы и одобрены штатом — подходят для сдачи экзаменов

➢ Часто предоставляется рассрочка или доступ к FAFSA (если у вас подходящий статус)

➢ Гибкий график: дневные, вечерние и даже гибридные форматы (теория онлайн + практика на кампусе)

Полезность

➢ Используйте фильтр по профессиям на сайте www.communitycollegereview.com

➢ Уточните, работает ли программа в сотрудничестве со штатным Board (иногда экзамен проводится прямо на кампусе)

➢ Если вы только переехали — колледж может предложить ESL-поддержку и soft skills

Если вы хотите начать карьеру в beauty-сфере с минимальными инвестициями и максимальной отдачей — community college может стать для вас стартовой площадкой, с которой проще всего перейти к лицензии и работе.

Бесплатные материалы к этому разделу, которые вы можете найти на сайте Drimusary.com

➢ Список колледжей с cosmetology/massage программами с бюджетом до $5,000

Преподаватели и репетиторы

 Когда я только приехал в США, мне неожиданно позвонила Наташа — мы учились в разное время в МГЮА имени Кутафина в Москве. Я даже удивился: мы не общались много лет, но в голосе у неё звучала такая энергия, что я сразу понял — она хочет поделиться чем-то важным.

Она рассказала, что живёт в Техасе и работает ESL-учителем в государственной школе. А ещё — что по-настоящему счастлива. Начинала с частных уроков английского, помогала другим иммигрантам адаптироваться. Потом перевела свой диплом, прошла эвалюацию, сдала экзамены Praxis — и получила teaching credentials. Сейчас у неё официальная работа, страховка от школьного округа, оплачиваемый отпуск летом и стабильный доход, но главное — она снова в профессии, только теперь на новом уровне: в другой стране, на другом языке, с другим масштабом. И теперь она учит детей, помогает им адаптироваться в новой языковой среде, даёт шанс, которого у неё самой когда-то не было. И делает это каждый день, с горящими глазами.

Если у вас есть педагогический диплом, опыт, любовь к обучению — не списывайте это со счетов. Здесь, в США, учителя — особенно те, кто знает, как работать с детьми-иммигрантами — нужны как никогда. Преподаватели английского как второго языка, математики, естественных наук, специального образования — все эти направления открывают не только стабильную карьеру, но и возможность стать по-настоящему важным человеком в жизни других.

Как восстановить карьеру учителя в США:

1. Эвалюация диплома
Вам потребуется эвалюировать диплом через одну из организаций, входящих в NACES — чаще всего WES или ECE. Формат: Course-by-Course Evaluation. Стоимость — около $200–250, срок — 2–4 недели.

2. Сдача экзаменов Praxis
Большинство штатов требует Praxis Core (математика, чтение, письмо) и Praxis Subject — по конкретной дисциплине. Например, Praxis Core стоит $150–170, а Subject (например,

ESL) стоит $130–160. Сами экзамены проходят в Prometric-центрах и доступны онлайн.

3. Получение teaching credentials

В каждом штате действует своя система лицензирования через State Department of Education. Например, в Калифорнии — California Commission on Teacher Credentialing (CTC), в Техасе — Texas Education Agency (TEA), а в Нью-Йорке — Office of Teaching Initiatives (OTI)

В некоторых штатах можно получить временную лицензию (temporary credential), если вы планируете завершить недостающие курсы уже в процессе работы. Особенно часто такие temporary credentials дают для преподавателей ESL и ELL, потому что школы нуждаются в этих специалистах, особенно в районах с высокой долей иммигрантов. Это даёт вам преимущество при приёме на работу.

Полезность

➢ В некоторых штатах (например, Техас) можно сразу подаваться на альтернативную программу сертификации (Alternative Teaching Certification) и параллельно работать.

➢ Используйте платформу www.ets.org/praxis для регистрации экзаменов и подготовки.

➢ Сравните требования штатов на teach.org

Зарплаты и перспективы

➢ Стартовая зарплата учителя с credential — от $42,000 до $55,000 в год (зависит от штата и школьного округа)

➢ Через 3–5 лет с опытом и дополнительными курсами (Master's, ESL endorsement) можно выйти на $90,000–$100,000

➢ В некоторых округах есть бонусы за работу в «Title I» школах (с высоким числом учеников из семей с низким доходом)

Если вы преподаватель по образованию, знайте, что это не «потерянная» профессия, потому что в США ценят учителей, особенно тех, кто способен понять иммигранта. Ваша сила — в вашем прошлом. Всё, что нужно — формализовать это по американским правилам.

Бесплатные материалы к этому разделу, которые вы можете найти на сайте Drimusary.com

➢ Список штатов с возможностью получить временную teaching license

Рекомендованные книги

Книга на английском языке - «**The Teacher's Handbook: Strategies for Success**» (автор: Anthony D. Fredericks). Эта книга представляет собой практическое руководство, предназначенное для преподавателей всех уровней, от начинающих до опытных, которые хотят улучшить свои педагогические навыки. В ней представлены эффективные стратегии управления классом, разработки уроков, а также советы по использованию технологий в обучении. Книга также охватывает аспекты взаимодействия с родителями и работы с учениками с особыми потребностями. Особенно полезна для тех, кто стремится повысить свою профессиональную квалификацию и адаптироваться к разнообразным образовательным вызовам в американских школах.

Преподавание в университетах США

 Мы познакомились с Ольгой на конференции по онлайн-обучению в Сиэтле. Она сразу выделялась — спокойная, уверенная, с такой ясной английской речью, что никто бы не догадался, что она всего пару лет назад переехала из Украины. На тот момент она уже преподавала курс на Coursera и параллельно вела занятия в местном колледже. Да, она была без американского диплома, но со званием кандидата наук по филологии из Киева, глубокими знаниями английского и готовностью учиться новому каждый день. Её путь не начинался с предложения работы мечты, отнюдь. Всё было постепенно: сначала — короткий онлайн-курс на образовательной платформе. Потом — приглашение прочитать гостевую лекцию. Потом — контракт на part-time-преподавание. А теперь она уже adjunct professor сразу в двух колледжах и параллельно строит свою онлайн-школу. Знаете, что меня вдохновляет в ее примере больше всего? Она не ждала, пока кто-то «разрешит» ей быть преподавателем в Америке. Она не жаловалась на отсутствие местного диплома, не искала оправданий. Она просто начала — и всё остальное пришло по пути.

Можно ли преподавать в США с иностранным дипломом?

Да, можно — особенно если вы начинаете как adjunct faculty, то есть приглашённый преподаватель на неполный день. Американские колледжи и университеты довольно гибко подходят к вопросу образования, особенно если у вас:

➢ есть магистратура или кандидатская степень (LL.M., MSc, PhD или аналог),
➢ высокий уровень английского,
➢ опыт преподавания или публичных выступлений,
➢ сильное резюме и портфолио.

Где проще начать:
1. **Online-платформы**

К таким платформам относятся Teachable, Thinkific, Udemy, Coursera, Skillshare и др. Их преимущество в том, что они позволяют вам создать авторский курс и начать зарабатывать, даже если вы не преподаёте в вузе. Например, на Udemy, вы зарабатываете 50–97% от стоимости курса (в зависимости от модели продвижения), а создание курса — бесплатно. Вы тратите только своё время на запись и монтаж.

2. Part-time Adjunct в Community Colleges

Эти колледжи часто приглашают преподавателей на неполный день (adjunct), особенно по предметам ESL, математике, наукам и социальным дисциплинам. При этом, им иногда достаточно master's degree или foreign equivalent. В случае с иностранным дипломом, главное — эвалюация этого диплома (например, через WES, SpanTran, ECE). Примерная почасовая ставка для такого преподавателя $40–75 в час. Зачастую колледжи не нанимают преподавателей через сайты поиска работы, и заявку разумнее подавать напрямую на сайте колледжа.

Сколько же зарабатывают профессора в колледжах? На старте adjunct в колледже зарабатывает от $2,000 за курс, а при нагрузке 2 курса в семестр — это около $8,000 в год. Через 2–3 года можно начать преподавать в нескольких колледжах, комбинируя онлайн и оффлайн, тогда доход может достигать $35,000–50,000 в год, особенно при наличии собственных онлайн курсов.

 **Полезность**: В пакет документов для колледжа обязательно включите CV, Statement of Teaching Philosophy и копию эвалюации диплома.

3. Part-time Adjunct в университетах

Если вы обладаете степенью PhD и высоким знанием английского, то вы точно можете претендовать на позицию Adjunct в небольшом местном университете. Новичкам часто на старте даются 1–2 курса в семестр, с оплатой $2,000–$4,000 за курс.

 **Полезность**
- ➤ Подпишитесь на рассылку вакансий adjunct faculty на www.higheredjobs.com
- ➤ Изучите сайты местных community colleges — вакансии часто публикуются напрямую.
- ➤ Сделайте эвалюацию степени заранее — WES Course-by-Course наиболее универсален.

➤ На Udemy или Teachable можно протестировать интерес к вашей теме, прежде чем идти в колледж.

Помните, что вам не обязательно становиться профессором в Гарварде, чтобы преподавать в США. Главное — это академическая степень и знания, владение английским, грамотная подача материала (зачастую — по методу Сократа) и ваша готовность адаптироваться к новой системе. Преподавание — это путь не только к стабильному доходу, но и к социальной значимости, к уважению и интеллектуальному росту.

 **Бесплатные материалы к этому разделу, которые вы можете найти на сайте Drimusary.com**
➤ Список образовательных онлайн-платформ с возможностью монетизации

Рекомендованные книги

Книга на английском языке – «The Adjunct Professor's Complete Guide to Teaching College» (автор: Anthony D. Fredericks). Эта книга адресована начинающим и действующим adjunct-преподавателям в колледжах и университетах США. Автор делится пошаговыми стратегиями подготовки и проведения занятий, методами мотивации студентов и способами эффективного управления временем при неполной занятости.

Книга на английском языке – «The Adjunct Faculty Handbook» (Sage Publishing, 2-е издание). Это современное справочное пособие для преподавателей, работающих по контракту или на неполную ставку в высших учебных заведениях. В книге раскрываются лучшие практики организации занятий, взаимодействия со студентами, оценки результатов обучения и интеграции в академическое сообщество. Издание также охватывает правовые и административные аспекты работы adjunct-преподавателя, включая вопросы найма, контрактов и академической этики.

Как стать успешным репетитором в США?

 Когда я впервые встретил Алексея, он только начинал свой путь в США после переезда из Узбекистана. За его плечами был многолетний опыт преподавания математики, но в новой стране всё казалось чужим: не было ни лицензии, ни понимания, с чего начать, ни уверенности, что кто-то вообще захочет учиться у преподавателя без американского диплома. Спустя месяц он решился зарегистрироваться на платформе Wyzant. Начинал с осторожной ставки — $15 в час, искал учеников, старался выстроить понятный профиль, и с каждой новой сессией получал всё больше положительных отзывов. Постепенно он начал поднимать ставку, и уже через полгода его услуги стоили $35 в час. Сегодня Алексей стабильно проводит от четырёх до шести занятий в день, работает из дома, сам решает, с кем хочет сотрудничать, и зарабатывает больше, чем когда-либо зарабатывал, работая в узбекской школе. Всё это стало возможным не потому, что у него был американский диплом или лицензия, а потому, что у него был настоящий опыт, умение объяснять, терпение и чётко оформленный профиль, который говорил за него.

Можно ли работать репетитором без лицензии?

Да. В США репетиторство не регулируется лицензиями или сертификатами — это частная услуга, основанная на доверии и результатах. Вы можете начать работать сразу, если у вас есть знание предмета, английского и понимание американской системы оценивания. Наиболее быстрый путь — зарегистрироваться на онлайн-платформах.

Где искать учеников — 3 популярные платформы
1. Wyzant (www.wyzant.com)
   - Предметы: от математики и английского до программирования и музыки.
   - Платформа берёт 25% комиссии, но вы сами устанавливаете ставку.
   - Пример: вы ставите $40/час — получаете $30.
   - Плюсы: простая регистрация, требуется подтверждение образования или опыта.

2. Preply (www.preply.com)
   - ➤ Популярна среди преподавателей иностранных языков.
   - ➤ Ставка: от $10 до $60/час.
   - ➤ Комиссия платформы: от 33% в начале и снижается до 18% с ростом количества уроков.
   - ➤ Плюсы: удобный интерфейс, большое количество студентов.

3. Varsity Tutors (www.varsitytutors.com)
   - ➤ Более строгий отбор, но и выше средний уровень оплаты.
   - ➤ Часто преподаватель работает по фиксированной ставке от $20 до $45/час.
   - ➤ Плюсы: идеально для подготовки к SAT, ACT, GRE и др.

Сколько можно зарабатывать?

На старте репетитор зарабатывает в среднем $10–15/час (с учётом комиссии), с возможностью выйти на $1,500–2,500/месяц при 15–20 занятиях в неделю. Но через 3 года репетиторы с хорошими отзывами и постоянной клиентурой зарабатывают от $4,000–6,000/месяц, особенно если ведут занятия по востребованным предметам (SAT, ACT, ESL, STEM) и создают свои онлайн-курсы.

Полезности, которые вы можете применить уже сегодня:
   - ➤ Подготовьте профессиональное видео-приветствие для своего профиля — это повышает доверие и увеличивает количество откликов.
   - ➤ Настройте автоматическое расписание, чтобы не терять потенциальных учеников из-за задержек в ответе.
   - ➤ Соберите отзывы от бывших учеников (можно на начальном этапе — от учеников из вашей страны, переведённые на английский).

Знайте, что если у вас есть педагогический опыт, но пока нет американской лицензии, репетиторство — это отличный старт, сочетающий в себе минимальные вложения и гибкий график, с помощью которого уже через несколько месяцев можно выйти на уровень стабильного дохода. Как всегда, всё зависит от вас — ваш опыт, ваша подача и ваша энергия создают результат. Начните сегодня, и через год вы сами будете примером для других.

Бесплатные материалы к этому разделу, которые вы можете найти на сайте Drimusary.com

➢ Пошаговый план выхода на доход $2,000/мес. за 3 месяца для репетитора

Рекомендованные книги

Книга на английском языке – «The Ultimate Guide to Starting and Growing a Successful Tutoring Business» (автор: Maurice C. Hill). Эта книга предназначена для тех, кто хочет запустить и развить успешный бизнес в сфере репетиторства. Автор раскрывает ключевые этапы — от выбора предметной ниши и определения целевой аудитории до формирования ценовой политики и продвижения услуг. Отдельное внимание уделено онлайн-платформам, построению личного бренда, привлечению постоянных учеников и управлению финансами. Практические советы, шаблоны и реальные примеры делают книгу полезным инструментом как для начинающих репетиторов, так и для опытных специалистов, стремящихся масштабировать свою деятельность.

Книга на английском языке – «Online Tutoring: The Ultimate Guide to Creating a Profitable Online Tutoring Business» (автор: Change Your Life Guru). Эта книга ориентирована на преподавателей, которые хотят построить устойчивый доход, работая полностью в онлайн-формате. Автор пошагово описывает, как выбрать платформу, создать привлекательный профиль, установить конкурентоспособную цену и выстроить отношения с учениками. В книге рассмотрены стратегии продвижения в социальных сетях, способы увеличения клиентской базы и методы повышения удержания студентов. Практическая направленность и акцент на современных цифровых инструментах делают её актуальным руководством для тех, кто планирует зарабатывать на репетиторстве, не выходя из дома.

Водители грузовиков с CDL

 Когда Артём приехал в США, он чувствовал растерянность и неуверенность, не представляя, с чего начать свою новую жизнь. Его уровень английского оставался базовым, а опыта офисной работы у него вовсе не было. Зато у него были водительские права категории «Е», полученные в Украине, и несколько лет за рулём большегрузного транспорта. Понимая, что это может стать его шансом, он через два месяца после приезда в США записался в школу по подготовке водителей CDL. Он быстро сдал теоретический экзамен, прошёл все необходимые этапы обучения и уже спустя месяц устроился на свою первую работу водителем. Сегодня, спустя два года, Артём работает на себя как независимый перевозчик (owner-operator), зарабатывает свыше восьми тысяч долларов в месяц чистыми и сам выбирает, по каким маршрутам ему ездить и с кем заключать контракты. Эта свобода стала результатом не только его опыта, но и решимости действовать, не теряя времени.

Что такое CDL и почему это отличный старт для водителей?

CDL (Commercial Driver License) — это лицензия на управление грузовыми автомобилями, автобусами и траками с прицепами. Она обязательна для работы водителем грузовика в США и в ней есть три категории:

- ➤ Class A — для тягачей, фур и других многотонных транспортных средств (наиболее универсальна).
- ➤ Class B — для автобусов и одиночных больших машин (например, школьные автобусы).
- ➤ Class C — для меньших коммерческих авто (например, пассажирские минивэны с 16+ местами).

Сколько стоит получить CDL и сколько времени это займёт?

Обучение может стоить от $2,000 до $7,000, в зависимости от штата и аппетитов автошколы. Срок обучения обычно не превышает 3–6 недель при очном обучении. Некоторые школы предлагают обучение в кредит или с оплатой после трудоустройства, а в некоторых штатах можно найти программы, помогающие оплатить всю стоимость учебы на CDL.

Полный список аккредитованных школ можно найти на государственном сайте tpr.fmcsa.dot.gov/ или на частном сайте - www.truckerstraining.com/list-cdl-schools-state

Какой доход можно ожидать?

Начинающий водитель, работающий не на себя и не на своем грузовике может получать от $50,000 до $70,000 в год. А уже owner-operator (когда водитель владеет своим грузовиком) может зарабатывать от $100,000 до $200,000 в год, но у него появляются затраты на обслуживание машины и налоги. Обычно, через 2–3 года активного опыта водители CDL выбирают между работой на себя или работы водителем-ментором (обучающим других, с доплатой).

Как получить CDL бесплатно?

Многие школы CDL сотрудничают с крупными логистическими компаниями, которые оплачивают ваше обучение в обмен, например, на контракт на 1 год работы на эту компанию. Например, компании Prime Inc., Swift Transportation, CR England, Schneider и другие (не реклама) предоставляют company-sponsored training. Это значит, что вы проходите обучение у них, не платите из своего кармана, а затем работаете водителем по их маршрутам с гарантированной зарплатой. Кроме того, в некоторых штатах есть программы *Workforce Innovation and Opportunity Act (WIOA)* — они покрывают обучение для малообеспеченных и безработных. Обратитесь в ближайший *WorkSource Center* или аналогичную службу занятости, чтобы подать заявку. Это может сэкономить вам от $3,000 до $7,000.

Полезность

➢ Приложения типа CDL Prep (доступны на iOS/Android) помогут вам подготовиться к экзамену бесплатно.

➢ В некоторых штатах (например, Washington, Texas, Missouri, Illinois) есть программы бесплатного обучения для малообеспеченных резидентов.

Почему это реальный шанс для водителей? Если вы хотите начать зарабатывать уже через 1–2 месяца и не готовы тратить годы на подтверждение образования или лицензий — CDL может стать вашим золотым билетом. Да, работа тяжёлая, но стабильная и достойный доход, а через пару лет можно выйти на полную самостоятельность и управлять не только траком, но и своей жизнью.

Бесплатные материалы к этому разделу, которые вы можете найти на сайте Drimusary.com

➤ Чеклист «Как выбрать школу CDL»

Рекомендованные книги

Книга на английском языке – «Becoming A Truck Driver: The Raw Truth About Truck Driving» (автор: Brett Aquila) Эта книга предназначена для тех, кто рассматривает профессию водителя грузовика в США как карьерный путь. Автор, имеющий многолетний опыт в отрасли, делится честным и детальным взглядом на работу дальнобойщика — от выбора подходящей CDL-школы и прохождения обучения до первых месяцев за рулём и адаптации к жизни в дороге. В книге раскрываются особенности найма, оплаты труда, взаимодействия с логистическими компаниями и реальные трудности профессии. Отдельные разделы посвящены практическим советам по повышению дохода, обеспечению безопасности и построению долгосрочной карьеры в сфере грузоперевозок.

Строители, маляры, плиточники

Когда Виталий переехал в США из Беларуси, он оказался в положении, знакомом многим иммигрантам — с огромным практическим опытом, но без чёткого понимания, как этот опыт реализовать в новой стране. За его плечами было более десяти лет работы в ремонте квартир, но здесь, в Штатах, всё казалось непривычным: другие правила, другие ожидания, другой рынок. Мы поговорили, и я предложил ему сосредоточиться на одном направлении — укладке плитки — и оформить лицензию подрядчика в штате Вашингтон. Виталий зарегистрировал General Contractor License, потратив на это всего $279, собрал портфолио из фотографий своих лучших работ и создал простую одностраничную визитку в интернете и аккаунт бизнеса на Google Maps. Сперва он брал небольшие частные заказы, аккуратно выполнял каждый проект и внимательно общался с заказчиками. Через восемь месяцев ему уже пришлось отказываться от мелких заявок — поток клиентов начал формироваться сам собой, через сарафанное радио. Сегодня Виталий стабильно зарабатывает более $10,000 в месяц, работает с двумя помощниками и всерьёз задумывается о создании собственного шоурума, чтобы выйти на новый уровень. Всё это стало возможным благодаря точке опоры в его собственном ремесле и правильному первому шагу.

Что нужно для старта в строительстве?

В США почти в каждом штате строительные работы (даже покраска или укладка плитки) требуют регистрации бизнеса и/или получения лицензии. Правила и названия лицензий могут различаться:

➢ General Contractor — универсальная лицензия на большинство работ (например, в WA)

➢ Specialty License (например, C-33 в CA) — для конкретного вида (покраска, плитка, гипсокартон)

➢ Handyman license (в некоторых штатах) — упрощённая форма для мелких работ до $500–$1000 за проект

В большинстве случаев вам нужно:

1. Зарегистрировать бизнес (чаще всего — LLC).

2. Получить лицензию через департамент штата (например, L&I в Вашингтоне или CSLB в Калифорнии).

3. Подтвердить страховку ответственности (General Liability).

4. Иногда — сдать экзамен (на знание норм и правил ведения бизнеса).

Сколько стоит старт своего дела?

➢ Регистрация LLC: от $50 до $300

➢ Лицензия: $100–$500

➢ Страховка: $400–$900 в год

➢ Bond (залоговое обязательство): от $100 в год

➢ Общий стартовый бюджет: ~$1,000–$2,000

Какой доход можно получать?

В начале профессионального пути (особенно при работе на других) ставка будет $20–25/час (или $3,500–$4,500 в месяц). Работая уже как подрядчик ставка вырастает до $40–$80/час, а через 2–3 года со своим LLC и бригадой может быть все $8,000–$15,000 в месяц

Полезность

➢ Список требований по штатам: www.contractor-license.org/

➢ WA: Получение лицензии подрядчика: www.lni.wa.gov

➢ CA: Проверка и подача на CSLB лицензии: www.cslb.ca.gov

Строительство в США — это рынок, где на мастеров «с руками из нужного места» всегда будет спрос. Вам не нужен диплом, не нужно учиться годами, а достаточно лицензии, честного труда и умения работать с клиентами — и через пару лет можно уже самому управлять командой, а не просто брать кисть или шпатель в руки.

Бесплатные материалы к этому разделу, которые вы можете найти на сайте Drimusary.com

➢ Чеклист «Как открыть строительную LLC»

Рекомендованные книги

Книга на английском языке – «How to Become a General Contractor: The Ultimate Guide» (автор: Scott Dylan / Workyard). Это руководство адресовано тем, кто хочет начать карьеру подрядчика в США, освоить необходимые лицензии, структурировать бизнес (LLC, страховка, регистрация), понять требования штата и выстроить надёжную систему работы. Особое внимание уделено этапам лицензирования, страхования, экзаменов, формирования портфолио и юридических аспектов. Включает практические примеры и ясные инструкции — идеальный переход от опыта мастера к самостоятельному предпринимательству в строительной сфере.

Кулинары и пекари

 Когда Наталья переехала в США вместе с семьёй, ей казалось, что она оставила часть себя где-то там, в прошлом. В России у неё была своя пекарня, куда выстраивались очереди за её хлебом — она жила этим делом, знала каждый сорт муки на ощупь, и чувствовала себя нужной. Но здесь, в новой стране, всё выглядело иначе: незнакомые продукты, другие стандарты, чужой язык — однако руки помнили то, что она умела лучше всего. Наталья прошла онлайн-курс и получила разрешение на работу с продуктами (food handler's permit) всего за 45 минут. Она устроилась помощником пекаря в местную кофейню, затем заняла позицию шеф-пекаря в небольшом ресторане, а со временем решила снова печь от своего имени. Сейчас она готовит булочки с корицей на домашней кухне, продаёт их через Instagram и на фермерских рынках, и приносит домой более $2,000 в месяц. Она не просто вернула себе профессию — она вернула себе уверенность, ритм и радость от любимого дела, превратив свой навык в устойчивый и прибыльный бизнес. А я желаю есть скорее открыть свой ресторан!

Что нужно, чтобы работать с продуктами питания?

В большинстве штатов для работы на кухне, в кафе, пекарне или ресторане достаточно:

1. Food Handler's Permit — обязательный базовый сертификат, подтверждающий, что вы понимаете основы санитарии и гигиены при работе с едой.

2. В некоторых случаях — Food Manager Certificate (например, ServSafe Manager), если вы планируете быть ответственным за кухню.

3. Для собственного производства и продажи — Cottage Food License или бизнес-регистрация.

Сколько стоит получение этих разрешений?

➢ Food Handler's Permit: от $7 до $15, обычно сдают онлайн, действует 2–3 года.

➢ Food Manager Certificate: от $85 до $150, требуется сдать экзамен.

➤ Cottage Food License: зависит от штата, но обычно $50–$150 в год.

➤ Регистрация бизнеса (если планируете готовить на продажу): LLC — от $200 до $300, в зависимости от штата.

Где пройти обучение и экзамен?

➤ www.servsafe.com — самая популярная и принимаемая система сертификации по всей стране.

➤ www.learn2serve.com — курсы для разных штатов.

➤ www.foodhandler.com — быстрое и дешёвое получение Food Handler's Permit.

Какой доход возможен?

На старте работы в ресторане или пекарне скорее всего ставка будет ближе к минимальной - $15–20/час (или ~$2,500–$3,500 в месяц), но через 2–3 года, уже будучи поваром или кондитером, можно получать и $5,000, и $6,000+ в месяц. Если откроете собственное производство или бизнес, то доход конечно же зависит от объёмов, но многие пекари зарабатывают $7,000+ в месяц, особенно с direct-to-customer продажами.

Я считаю, что работа на кухне — это настоящее ремесло. И вам не нужно подтверждать диплом или сдавать сложные экзамены, достаточно вашей страсти, простого сертификата и желания работать. А если вы мечтаете о своём деле — это направление, где старт возможен уже хоть через неделю. Вы можете начать в найме в ресторане, перейти к своей пекарне, продавать в Instagram или на Etsy — и делать деньги, пахнущие ванилью, корицей и свободой.

 **Бесплатные материалы к этому разделу, которые вы можете найти на сайте Drimusary.com**

➤ Чеклист «Как получить Food Handler's Permit по шагам»

IT-специалисты

 Когда Руслан только приехал в США, он устроился на работу официантом в небольшое кафе — это был простой способ зарабатывать и начать адаптацию. Но на самом деле его всегда тянуло к компьютерам: он разбирал устройства, настраивал программы друзьям, читал о новых технологиях. Официального опыта в IT у него не было, как не было и профильного образования. После смен в кафе он садился за ноутбук и учился — сначала на бесплатной платформе FreeCodeCamp, затем прошёл онлайн-курс Google IT Support Certificate. Постепенно он собрал своё первое портфолио, выложил его на GitHub и начал отправлять заявки. Спустя четыре месяца получил свой первый оффер на $48,000 в год. Сегодня, два года спустя, он работает cloud specialist в стартапе в Остине и зарабатывает $95,000 в год. И знаете что? У него по-прежнему нет формального диплома, но есть знания, опыт и история, которая началась с вечерних занятий после работы официантом — и привела к новой карьере в другой стране.

Почему IT — один из самых доступных путей?

В сфере IT работодатели гораздо чаще смотрят не на диплом, а на реальные навыки, проекты и сертификацию, особенно на стартовых позициях. Поэтому тут вам не нужно тратить 4 года на колледж, чтобы начать карьеру. Достаточно:

➢ Онлайн-курсов (часто бесплатных или недорогих)

➢ Сертификатов от уважаемых платформ (CompTIA, AWS, Google)

➢ Портфолио с реальными проектами (GitHub, сайты, пет-проекты)

Сколько стоят курсы и сертификация?

➢ Google IT Support (Coursera): ~$39/месяц, проходится за 3–6 месяцев

➢ AWS CCP (Cloud Practitioner): $100 за экзамен, обучение бесплатно (AWS Skill Builder)

➢ CompTIA A+: ~$250 за каждый из двух экзаменов, материалы — от $30

➢ Frontend/QA/Backend: бесплатные курсы на FreeCodeCamp, Udemy — от $10

Вот самые востребованные стартовые направления

Направление	Что изучать	Сертификаты	Стартовая зарплата
IT Support / Help Desk	Windows/Linux, сети, базы данных	Google IT Support, CompTIA A+	$45,000–$60,000
Cloud (AWS, Azure, GCP)	Сети, DevOps, инфраструктура	AWS CCP, AWS Solutions Architect	$60,000–90,000
Frontend-разработка	HTML, CSS, JS, React	Нет обязательных, но курсы важны	$50,000–85,000
QA (тестирование)	Postman, Selenium, базовый Python	ISTQB (по желанию)	$50,000–75,000
Data Analysis	Excel, SQL, Python, визуализация	Google Data Analytics, Tableau	$55,000–80,000

Где искать работу?

➢ Indeed, Dice, Hired — классические платформы
➢ Turing, Toptal, Upwork — для удалённых и фриланс-проектов
➢ AngelList, Wellfound — вакансии в стартапах

Полезность

Платформы для обучения:
➢ www.freecodecamp.org — лучший бесплатный старт
➢ www.coursera.org — сертификации Google
➢ www.codecademy.com — интерактивное обучение

Платформы для подготовки к сертификациям:
• www.learn.microsoft.com
• www.cloudskillsboost.google
• www.training.aws.amazon.com

IT — один из немногих секторов, где не важно, откуда вы. Важнее, что вы умеете. И через 1–2 года после старта вполне реально выйти на $70,000–100,000+ в год. Это реальный путь для тех, кто готов учиться и делать без лицензий и без бюрократии. Только вы и ваши навыки.

 **Бесплатные материалы к этому разделу, которые вы можете найти на сайте Drimusary.com**

➢ Чеклист «Путь в IT за 90 дней»

Рекомендованные книги

Книга на английском языке – «The Google Resume: How to Prepare for a Career and Land a Job at Apple, Microsoft, Google, or any Top Tech Company» (автор: Gayle Laakmann McDowell)

Эта книга адресована тем, кто хочет начать карьеру в IT, особенно без профильного диплома. Автор предлагает практичные стратегии: как создать сильное резюме, подготовиться к техническим интервью, собрать портфолио востребованных проектов и пройти отбор в топовые компании. Издание 2020 года актуально и входит в число современных бестселлеров.

Глава 3. РАБОТА И КАРЬЕРА В США

Введение: почему работа — это не только про деньги?

 Когда в 2023 году мы только приехали в США, у нас не было ни связей, ни американского опыта, ни блестящего английского, зато было важное внутреннее убеждение: сидеть на месте нельзя.

Мы сразу же с женой поступили на учебу в колледж Такомы в штате Вашингтон. При колледже был детский садик, куда мы отдавали на полный день наших девочек, и получалось так, что почти вся жизнь у нас вращалась вокруг одного учебного заведения. Учились днем, воспитывали детей по вечерам, волонтёрили в выходные. С октября 2023 моя жена 3 месяца стажировалась в HR-департаменте того же колледжа: по 6—8 часов в день без оплаты и без обещаний, просто потому что хотела научиться работать в новой среде.

В какой-то момент мы узнали о программе *WorkFirst*, которая помогает студентам колледжа работать по 20 часов в неделю в самом колледже и получать за это оплату 16 долларов в час, что является минимальной зарплатой в нашем штате. Кому-то может показаться, что это не Бог весть какие деньги, но для нас это был стабильный доход около $1200—1300 в месяц. Мало того, что за несложную работу нам платили деньги, так сама эта работа помогала получить первый американский опыт, рекомендации и стартовую позицию в карьере.

Только после бесплатной стажировки жена смогла пройти конкурс и попасть в программу *WorkFirst* уже в другой департамент. Там она занималась приемом новых студентов; успешно проработала 11 месяцев, завела связи, подружилась с американцами. А потом нашла работу HR-менеджером в американской компании. Зарплата, условия — все на новом уровне. И все это — за год и три месяца пути, который начался для нее с бесплатной стажировки.

Я сам начал работать в колледже по той же программе в январе 2024 года: оцифровывал и архивировал личные дела студентов. Но до этого — с июня по декабрь 2023 — каждый понедельник я ездил, чтобы помогать как волонтер в некоммерческой организации для иммигрантов. Это был целый день работы, за который не платили ни цента, плюс 2 часа в день на дорогу. Еще раньше, с апреля 2023 года, я был волонтером в русскоязычной церкви, где полтора года, тоже до августа 2024, помогал приезжающим людям как помощник адвоката (*paralegal*). Встречал, переводил, собирал документы, помогал адаптироваться в нашем штате. Это было не про деньги — это было про то, чтобы встроиться, обучиться, быть полезным в новых реалиях. Благодаря этим волонтерским позициям и работе в колледже меня заметили сразу несколько адвокатов. Сначала один предложил подработку, потом и второй. Так я работал одновременно на двух адвокатов, и это абсолютно нормально в американской системе — работать сразу на нескольких работах.

Почему я все это рассказываю вам? Потому что карьера в США строится не так, как мы привыкли ее видеть в странах СНГ. Здесь никто не берет вас «на работу». Здесь вы продаете или решение проблемы, или свое время. Время покупают в самых низкоквалифицированных позициях — там, где платят по минимуму рынка труда. Продавать себя в виде «решения проблемы» — вот истинный карьерный путь, которому стараются следовать американцы. Если вы готовы учиться, становиться заметным, отдавать время — поначалу даже бесплатно — вы рано или поздно найдете дверь, которая откроется именно перед вами.

В этой главе я расскажу вам, как искать работу по-американски. Где искать, как писать резюме, что говорить на собеседовании, как начать с нуля — и как не застрять в неопределенности. Даже если у вас пока нет английского, нет денег и нет понимания, с чего начать, я покажу, что трудоустройство возможно.

Мы с женой прошли этот путь, и я хочу, чтобы он оказался немного короче для вас. У меня есть друзья, которые начинали с мойки посуды в кафе, а сейчас работают в IT-компаниях на удаленке. Живой пример пары моих знакомых, переехавших в Сиэтл: сегодня она работает в местной больнице (выросла с позиции няни до медсестры с лицензией RN), а он «вырос» в лицензированного электрика с позиции разнорабочего на стройке.

Менталитет работы в США: вы — не кандидат, вы — решение

Когда вы ищете работу в США, вы, возможно, замечаете странную двойственность: вы вроде бы подаете резюме, как всегда, проходите собеседования, говорите про образование и опыт. Но результата нет. Вас не зовут, не отвечают, не выбирают. Что не так? Скорее всего, дело не в вас, а в менталитете, ведь рабочая культура США устроена по-другому, и, чтобы вписаться в нее, нужно перестать «проситься на работу» — и начать предлагать решение проблемы.

«Вы — услуга, которую можно купить»

В США вы не просто «работник» или «кандидат». Вы — услуга, которую работодатель должен купить, как покупает маркетолога, грузоперевозку или ИТ-систему. Ваше резюме? — Это ваша коммерческая презентация. Ваш профиль в LinkedIn? — Ваш профессиональный каталог. (Это международный аналог Headhunter, только не просто с вакансиями, а с вашей деловой витриной: фото, описание опыта, рекомендации, посты, достижения и ключевые навыки. Если у вас его нет — считайте, вас не существует в профессиональном поле). Интервью? — Переговоры о цене и качестве. Если вы не умеете «упаковать» себя, вы вне игры. Потому что здесь бизнес — это про эффективность. Работодателю не важно, сколько лет вы учили экономику, если он ищет человека, который за две недели настроит в QuickBooks автоматическую отчетность по налогам. Он заплатит тому, кто решит задачу. А не тому, у кого средний балл диплома выше.

Профессия — это временно. Навык — навсегда

Средний американец может поменять профессию 5—7 раз за жизнь. Не работу — именно профессию. Юрист становится аналитиком. Медсестра — менеджером по обучению персонала. Строитель — проектным координатором в Amazon. И это не воспринимается как провал, наоборот — это часть нормы. Вакансии так и пишутся: «Ищем человека с опытом в продажах, образованием в маркетинге и любовью к Excel!». И никто не удивляется, если в 35 вы начинаете с нуля, потому что это нормально. И очень удобно — особенно для иммигрантов, которые приезжают с дипломом, не признаваемым в США, но с реальными навыками.

Нет гарантии, что вас не уволят, и в этом ваша сила.

В США нет трудового кодекса, как, скажем, в России или Украине. И большинство рабочих отношений регулируются по принципу at-will[1] — это значит, что вас могут уволить в любой момент, без объяснения причин, но и вы в любой момент можете уволиться одним днем без последствий. Контракт может быть, а может и не быть. Наличие или отсутствие его зависит от типа работы, отрасли, уровня квалификации и формы занятости. В неквалифицированных сферах — кафе, склады, доставка, клининг — контрактов, как правило, нет: вы просто подписываете формы приема и соглашаетесь на условия at-will. А вот в квалифицированных профессиях — IT, медицина, бухгалтерия, офисная работа — контракт почти всегда есть: он фиксирует зарплату, обязанности, график и бонусы. Контракт обязателен и при работе через агентство, на удаленке, в корпорациях, и в том случае, если вы подрядчик с нестандартными условиями. Но даже с контрактом вы все равно остаетесь at-will — уволить могут без объяснения, если только в договоре не прописано иное.

Это страшно? Иногда. Но именно это дает гибкость — менять работу, менять направление, уходить, если вам некомфортно. Работа здесь — это инструмент. Не «пожизненное место». И как только вы начинаете так воспринимать свою карьеру, вы перестаете бояться — и начинаете строить.

Карьера не «найдется». Ее надо построить

Американская система карьерного роста — это как лестница. Если вы будете стоять — она не поднимет вас сама. Как лестница — но не как эскалатор. Мало встать на первую ступень: само не поедет. Мало доехать до пятой-десятой ступени — никаких преференций для доехавших туда тоже нет. Но если вы двигаетесь,

---

[1] at-will — это форма трудовых отношений, при которой любая из сторон (работодатель или работник) может прекратить сотрудничество в любой момент по любой причине (или вовсе без причины) при условии, что это не нарушает закон (например, не связано с дискриминацией).

проявляете инициативу, улучшаете процесс, предлагаете идеи, помогаете команде — вы оказываетесь все выше. Даже в самых простых работах. Работая на ресепшене колледжа, моя жена предлагала улучшения: как быстрее регистрировать студентов, как эффективнее распределить нагрузку. И через 11 месяцев ее пригласили на оплачиваемую позицию в реальной американской компании. Не потому, что у нее был диплом ESCP Business School из Парижа, а потому что она была заметна, полезна и умела адаптироваться.

Один мой знакомый начинал с мытья полов в продуктовом магазине. Он не жаловался, а замечал, где что можно сделать лучше: предложил поменять схему выкладки товаров, подсказал, как оптимизировать доставку. Через полгода его сделали ассистентом менеджера, а еще через год он уже управлял сменой. Без связей, без диплома, но с постоянным фокусом на ценность для бизнеса. Это и есть американский подход: не титул, а вклад.

Полезность

Правило трех фраз для упаковки себя:

1. «Я помогаю ____ решать ____ с помощью…».
2. «Моя суперсила — это…, которую я применял в…».
3. «Вот результат, который я получил…».
   Эти три фразы можно вставить в резюме, в LinkedIn, и проговаривать на собеседовании.

➢ Список 5 самых универсальных навыков, которые покупает рынок США:

1. Владение Excel / Google Sheets на уровне формул и сводных таблиц.
2. Навыки коммуникации (особенно по email).
3. Умение быстро учиться (например, пройти курс и внедрить).
4. Владение CRM-системами (HubSpot, Salesforce).
5. Способность работать в команде без конфликтов.

Бесплатные материалы к этому разделу, которые вы можете найти на сайте Drimusary.com

➢ Пример «американизированного» резюме на 1 страницу.

Где искать работу, и как ее находят в США?

 Когда мы с женой только начинали искать первую официальную работу в США, мы делали это по старинке. Открывали сайты с вакансиями, листали все страницы подряд, откликались на все, что было хоть как-то похоже на наш опыт. 10, 20, 30 заявок за вечер. Иногда казалось, что чем больше отправим — тем выше шанс, но спустя месяц — ноль откликов. Вообще ни одного. И вот тогда до нас начало доходить: американская система найма устроена по-другому. Здесь работает не столько количество, сколько качество и точность. Если вы хотите найти первую работу в США — особенно без связей, опыта и рекомендаций — важно не просто «искать», а понимать, как работает система. Ниже — пошаговое объяснение того, где искать, что учитывать и как не слить свое время впустую.

Основные платформы — с чего начинают все

➢ Indeed.com — крупнейший сайт вакансий в США:
  - прост в использовании,
  - огромное количество вакансий,
  - есть встроенный резюме-конструктор и оценка соответствия,
  - удобная система фильтров (по зарплате, локации, типу занятости).

➢ LinkedIn.com — не сайт, а экосистема:
  - 60 % вакансий публикуются только на LinkedIn,
  - большинство работодателей смотрят ваш профиль перед интервью,
  - позволяет подать заявку в один клик, если профиль заполнен,
  - здесь же можно напрямую писать рекрутерам.

➢ ZipRecruiter, Glassdoor и Monster:
  - ZipRecruiter — популярен у локальных американских работодателей во всех штатах,
  - Glassdoor — полезен для изучения отзывов о компаниях и зарплат,
  - Monster — одна из старейших в США платформ для поиска работы и размещения резюме; сегодня теряет

позиции, уступая более современным сервисам вроде Indeed и LinkedIn.

Все эти платформы позволяют отслеживать статус откликов и получать уведомления.

Специализированные платформы: ищите точнее

Если у вас есть конкретная индустрия или интерес, ищите не «везде», а «точно»:

- AngelList — стартапы (особенно IT и продуктовая сфера),
- Hired.com — технические специалисты, разработчики,
- Dice.com — исключительно IT и инженеры,
- Idealist.org — некоммерческий сектор и образование,
- USAJobs.gov —вакансии в государственных структурах.

Местные сайты: работа рядом

В каждом штате и даже городе есть государственные порталы занятости, которые работают с иммигрантами.

Штат Вашингтон (где живу я):
- www.worksourcewa.com - WorkSource Washington,
- ESD.wa.gov - Employment Security Department

Калифорния:
- CalJOBS — основной портал занятости штата с вакансиями, курсами, программами переобучения и поддержкой для иммигрантов,
- EDD.ca.gov — Employment Development Department: пособия по безработице, программы трудоустройства, ресурсы для тех, кто ищет работу.

Нью-Йорк:
- NYC Jobs — вакансии в структурах города Нью-Йорк, включая начальные позиции и поддержку для мигрантов,
- New York State Department of Labor (dol.ny.gov) — государственный портал со списками вакансий, курсами, программами переобучения и поддержкой иммигрантов.

На этих сайтах есть бесплатные консультации, помощь в составлении резюме, доступ к программам для студентов и родителей, включая WorkFirst и BFET, вакансии от проверенных работодателей.

Адаптация к системе найма в США

➢ **ATS (Applicant Tracking System)**

90 % крупных компаний используют ATS (Applicant Tracking System) — это автоматические фильтры, т. е. программы, которые сканируют резюме до того, как его увидит живой человек.

Что это значит для вас:

- ваше резюме должно точно совпадать с ключевыми словами вакансии,
- любые PDF, таблицы, нестандартные шрифты могут быть не считаны,
- лучше использовать простые текстовые резюме или шаблоны, заточенные под ATS (например, сайт: www.jobscan.co помогает адаптировать резюме под ATS-системы. Вы вставляете туда свое резюме и описание вакансии — система сравнивает и показывает, каких ключевых слов, навыков или формулировок не хватает, чтобы пройти автоматический фильтр).

➢ **Cover letter — ваше персональное обращение**

В США сопровождающее письмо не формальность, а норма. Если вакансия важная, особенно в образовании, некоммерческом секторе или офисной работе, то без cover letter вы даже не пройдете предварительный отбор. Главное правило: cover letter — не пересказ резюме, а конкретный ответ на вопрос: «Почему именно вы?»

➢ **Не рассылайте одно и то же резюме в 100 мест**

В США работают по принципу «каждая вакансия — отдельный отклик». Один и тот же файл, отправленный в десятки компаний, показывает ваши лень и невнимание. Потратьте 15 минут, чтобы адаптировать описание, заменить слова, показать соответствие нужной вакансии. Это увеличит шанс отклика в 3—5 раз.

➢ **Рекомендации — валюта доверия**

- В США очень важно, чтобы вас рекомендовали другие:
- добавьте хотя бы двух-трех рекомендателей в LinkedIn — попросите людей написать официальную рекомендацию, которая отобразится у вас в профиле. После одобрения текст рекомендации появится внизу вашего профиля, в

специальном разделе Recommendations. Это как «живое» письмо от реального человека, видимое всем;

- попросите письма у преподавателей, волонтерских координаторов, менеджеров (даже если это неофициальные работодатели). Пример фразы: *"Can I list you as a reference for my job search?"*

Почему 90 % соискателей теряют шанс еще до собеседования? Они:

- не адаптируют резюме под ATS,
- не указывают конкретные достижения и результаты,
- не прикладывают cover letter,
- не заполняют LinkedIn,
- не умеют «продавать» себя как решение.

Да, это грустная статистика, но для вас это — возможность выделиться.

Где можно проверить свое резюме на соответствие ATS:

➢ www.jobscan.co — сравнивает ваше резюме с конкретной вакансией и показывает, какие слова и блоки нужно изменить;

➢ www.resumeworded.com — анализ ключевых слов, структура, примеры фраз.

➢ www.skillsyncer.com — рейтинг соответствия, анализ достижений и ключевых навыков.

Полезность

Один поиск — одна адаптация

Если вы нашли интересную вакансию — не откликайтесь, пока не адаптировали резюме под ключевые слова из этой вакансии. Откройте Jobscan.co, вставьте свое резюме и текст вакансии — сервис покажет, чего не хватает. Даже 15 % соответствия — это уже преимущество.

LinkedIn-фокус: не ищите, а давайте найти себя.

Добавьте в заголовок профиля не «Ищу работу», а то, что вы делаете, плюс для кого, плюс с каким результатом. Например:

- "Accounting Specialist | Helping small businesses optimize cash flow through QuickBooks" — это продает.
- "Open to work. No US experience" — это пугает.

Умножьте шансы: находите email-рекрутера и пишите сами.

Если вакансия важна — не ограничивайтесь кнопкой Apply.

Зайдите на LinkedIn → найдите нужного рекрутера → используйте сервис Hunter.io или RocketReach → напишите короткое письмо: "Hi, I just applied for the [Position Title] at [Company]. I've done similar work at [Company/Project]. Would love to connect!". Это в 3—5 раз повышает шанс, что ваше резюме будет открыто живым человеком.

 **Бесплатные материалы к этому разделу, которые вы можете найти на сайте Drimusary.com**
  ➢ Ссылки на сайты Indeed, AngelList, WorkSource

Резюме и LinkedIn: продавайте не себя, а решение

 Когда я только начинал писать свое первое американское резюме, я открыл Word и начал: «Я родился в…» Потом шло «Я учился…», «Я работал…», «Я старался…». Через пару часов получилось 4 страницы текста — красивого, честного и… невостребованного, потому что американский работодатель на это даже не посмотрит. Потому что здесь резюме — это не биография, и даже не ваша история. Это — ваше коммерческое предложение. Максимум пользы, минимум сантиментов. Вас не «берут» на работу. У вас покупают решение конкретной задачи. И если вы не покажете, какую проблему вы умеете решать, вас не выберут, даже если у вас три красных диплома и двадцать лет опыта.

Принцип: «резюме — это не про вас»

Запомните формулу: не «что я делал», а «что я дал». Работодателю плевать, что вы «отвечали за отчетность». Он хочет видеть:

- «Оптимизировал отчетность, сократив время подготовки с 5 до 2 дней»;
- «Автоматизировал ввод данных, что снизило ошибки на 40 %».

Именно это решает и работает.

Структура американского резюме

Один лист (только один!). Шрифт — простой: Arial или Calibri, 11—12 pt. Очень важно без фото и без даты рождения. Без «личных качеств». И только три блока:
1. Контакты и заголовок:
    - имя, email, телефон, LinkedIn;
    - заголовок типа Customer Service Associate | Retail | CRM | Bilingual (EN/ES).
2. Опыт работы (от последнего к первому):
    - название компании, должность, сроки;
    - 3—5 пунктов: что сделали + как помогли бизнесу + цифры.
3. Образование и навыки:
    - название учебного заведения, год окончания;

- технические навыки: Excel, QuickBooks, Salesforce, Trello;
- языки, сертификации.

LinkedIn: не резюме, а личный сайт

В наше время, если у вас нет LinkedIn, то для работодателя вас нет. Работодатели ищут людей не по названию резюме-файла, а по поиску в LinkedIn. Ваш профиль должен говорить, кому вы можете быть полезны. Не «ищу работу», а «помогаю компаниям снижать операционные риски через бухгалтерию». Что важно:

- фото — не селфи. Простая, нейтральная фотография: фон, лицо, улыбка;
- заголовок — ваша ценность + ключевые слова;
- About — 3—5 предложений: кто вы, чем помогаете, что ищете;
- опыт — как в резюме, только без копипаста;
- рекомендации — хотя бы 2—3 (можно от коллег, преподавателей, волонтеров).

Платформа LinkedIn работает, как витрина: если вас не видно — вас не существует для работодателей.

Ошибки новичков

- Если вы пишете: «Я родился, учился, работал…» — то это не резюме, это автобиография.
- Если вы пишете без цифр и результатов — значит, у вас нет никаких результатов.
- 2 страницы текста с избитыми клише — никто не читает.
- Статус «Open to work» без конкретики — это слабая позиция для кандидата.
- Помните, что отправлять одинаковое резюме на все вакансии без разбора — почти гарантированный отказ.

Кейсы «до и после»

До (или как не надо делать):
Administrative Assistant at School District #12 (2020—2022)

- Answered phones
- Maintained records
- Provided support to team

☑ После (как надо делать):

Administrative Assistant | School District #12 | 2020—2022

- Created digital filing system that reduced retrieval time by 60 %.
- Handled 50+ daily calls with 95 % customer satisfaction score.
- Supported 5 departments simultaneously with zero delays in reporting.

Полезность (примените сегодня)

Секрет «одного предложения»: если ваше резюме нельзя переписать в одну фразу, значит оно слабое. Попробуйте уместить описание своей ценности в одну строку. Примеры:

- ✓ «Я внедряю автоматизацию, которая экономит компаниям 10+ часов в неделю».
- ✓ «Я — мост между клиентами и системой: настраиваю процессы так, чтобы было понятно даже бабушке».

Если не получается — вам нужно пересобрать весь посыл и все резюме заново.

Бесплатные материалы к этому разделу, которые вы можете найти на сайте Drimusary.com

➢ Примеры резюме ДО и ПОСЛЕ адаптации под «американский» стиль.

Собеседование, как игра по американским правилам

 Когда я шел на свое первое собеседование в США, мне казалось, что я к нему готов на все 100%. У меня был опыт, я знал английский, я заранее прочитал все что только мог о компании и даже заранее знал, какие у компании сильные и слабые стороны. Но уже на втором вопросе я застопорился: "Tell me about a time when you faced a conflict with a team member. What did you do?" Я начал что-то рассказывать про какую-то ситуацию, но говорил сбивчиво, без структуры, перескакивал с деталей на эмоции, и конечно — я не прошел. Позже я понял: в США собеседование — это не просто разговор. Это строгий сценарий, где проверяют не знания, а как вы мыслите, действуете и общаетесь. И если вы не владеете этой «игрой», вы будете проигрывать снова и снова — даже с идеальным резюме.

Behavioral interview и техника STAR

Американское собеседование — это 80 % «поведенческих» вопросов. Не «Какие у вас сильные стороны?», а «Расскажите о ситуации, когда вы…». И здесь важно отвечать по технике STAR:

> ➢ **S (Situation)** — опишите контекст,
> ➢ **T (Task)** — что было вашей задачей,
> ➢ **A (Action)** — что вы конкретно сделали,
> ➢ **R (Result)** — какой был результат (в идеале — в цифрах).

Пример

 **Плохо:** «Я решал конфликт с коллегой. Мы поговорили, и вроде стало лучше».

 **Хорошо:** «*Когда я работал в приемной колледжа (S), ко мне пришел студент, недовольный отказом в финпомощи. Я должен был урегулировать ситуацию без эскалации (T). Я выслушал его, проверил документы, позвонил в нужный департамент и предложил ему альтернативный вариант (A). В итоге он получил грант, и мы избежали жалобы (R)*».

 **Топ-10 вопросов, и что ими проверяют на самом деле:**

1. Tell me about a time you failed → умеете ли вы признавать ошибки и учиться на них.

2. Describe a challenge you faced and how you handled it → умение решать проблемы, не создавая новых.

3. Give an example of a time you had to meet a tight deadline → способны ли вы работать под давлением.

4. Tell me about a time you had to work with someone difficult → умеете ли вы ладить со «сложными» людьми.

5. Describe a situation where you showed leadership → есть ли у вас способность оказывать влияние, даже если вы не менеджер.

6. Tell me about a time you made a mistake → присущи ли вам ответственность и зрелость.

7. How do you prioritize tasks? → обладаете ли навыками структурирования и планирования, самоорганизацией.

8. Give an example of how you dealt with ambiguity → способны ли вы мыслить гибко.

9. Describe a time when you went above and beyond → как у вас с инициативностью.

10. Why should we hire you? → способность продать себя кратко и четко.

Как пройти mock-интервью и не вылететь на втором вопросе?

Mock-интервью (тренировочные интервью) — это как спарринг перед боем. Без него шансов мало. Где проходить:

- www.interviewing.io — анонимные интервью с реальными интервьюерами (часто из Google, Amazon);
- www.biginterview.com — видео-платформа с тренажерами, можно просто попросить знакомого провести 20-минутный «опрос» по 5 вопросам.

Совет: запишите себя на камеру. Потом посмотрите. Это болезненно, но безумно полезно.

Культура: честность без драмы

Американцы любят прямоту, но без перегибов. То есть не нужно рассказывать о токсичных начальниках, кошмарных условиях и унижении, потому что это воспринимается как незрелость. Даже если все было плохо — дайте конструктивное описание: «*В прошлом месте работы я понял, как важны четкие роли и коммуникация. Это подтолкнуло меня к росту*».

Никакой драмы. Только рост, выводы и позитивная подача».

"Thank You"-email: зачем и когда?

В США принято отправлять письмо в течение 24 часов после интервью. Это не формальность, это жест уважения и еще один способ напомнить о себе. Что написать:

- поблагодарите за беседу,
- напомните, почему вы подходите,
- упомяните, что вас вдохновило в компании,
- подтвердите интерес и открытость к следующему шагу.

Пример:

> *"Thank you again for the opportunity to speak with you today. I really appreciated learning more about your team's mission and how the [Position Name] contributes to it. I'm excited about the potential to bring my experience in [relevant skill] to support your work. Please let me know if I can provide any additional information".*

Soft skills решают больше, чем hard skills

Ваши знания — это важно. Но на интервью оценивают то, как с вами будет работаться каждый день. Вы можете быть суперспециалистом, но если:

- перебиваете,
- говорите «я один все делал»,
- не умеете слушать, то вас не возьмут.

Покажите, что вы:

- умеете слушать,
- спрашиваете, уточняете,
- говорите «мы» вместо «я»,
- реагируете спокойно на критику.

Это кажется мелочами. Но именно это решает на последнем этапе.

Полезность

Запишите 5 ситуаций из вашей жизни, где вы решали проблему. Пусть это будет:

- конфликт в колледже,

- сложный клиент в месте вашей предыдущей работы,
- работа без инструкций,
- инициатива, которую вы проявили.

Пропишите их по формуле STAR. Это будет вашим банком ответов, из которого вы сможете брать примеры под любой вопрос.

Бесплатные материалы к этому разделу, которые вы можете найти на сайте Drimusary.com

➢ Топ-30 вопросов с пояснением, что от вас хотят услышать.

Как получить работу без американского опыта?

Вы, возможно, уже сталкивались с этим замкнутым кругом: чтобы получить работу, нужен опыт. А чтобы был опыт — нужна работа. В США этот парадокс особенно остро ощущается, если вы иммигрант. У вас может быть высшее образование, годы стажа и крутые навыки, но работодатель смотрит в ваше резюме и видит — "No US Experience", и отправляет резюме в архив. Именно поэтому важно понять: ваша первая работа в США — это почти всегда НЕ работа мечты. Это переходная ступень, которая дает вам три вещи:

1. Американский опыт (любой, хоть волонтерский).
2. Американские рекомендации.
3. Американскую строчку в резюме.

Поэтому, если у вас пока нет опыта — его можно создать. Ниже я расскажу, как.

Волонтерство, стажировки и работа «за отзыв»

В США **волонтерство** — это не где «бедные помогают еще более бедным», а нормальный способ начать карьеру. Очень многие американцы начинают именно с unpaid internship (неоплачиваемой стажировки) или volunteer work.

Где искать волонтерство:

- www.volunteermatch.org — тысячи вариантов по всей стране;
- www.idealist.org — НКО, образование, международные проекты;
- местные библиотеки, церкви, колледжи — просто зайдите и спросите;
- Nonprofit-организации в вашем городе — Google: "nonprofit + [your city]".

Я был волонтером в организации, которая помогала иммигрантам и мне не платили ничего, от слова совсем. Но именно там я понял, как устроена система, и получил первую рекомендацию от американского координатора. Позже меня пригласил на работу достаточно авторитетный адвокат.

Стажировка (internship) — второй путь. Иногда они тоже неоплачиваемые, но бывают и оплачиваемые — особенно если вы участвуете в таких студенческих программах, как WorkFirst.

Fiverr и Upwork: начните онлайн

Если вы не можете вырваться из дома или боитесь говорить по-английски, начните с фриланса.

Где:

- www.fiverr.com — создаете услугу, и люди покупают;
- www.upwork.com — подаетесь на проекты.

Примеры стартовых услуг:

- переводы (даже простые);
- создание PDF-документов, таблиц, презентаций;
- транскрибация аудио в текст;
- проверка орфографии и форматирование;
- простые сайты на Tilda/Wix/Canva.

Минимальный прайс: $5—15 за проект. Первый заказ — часто в обмен на отзыв, а не за деньги. Это нормально.

Где брать рекомендации, если вы только приехали?

Работодатель в США почти всегда спрашивает: "Can we contact your references?" И вот тут важно: рекомендации не обязательно должны быть от бывших работодателей. Кого можно попросить:

- преподавателя из колледжа (и именно благодаря такой рекомендации моего профессора из колледжа Такомы (привет, мистер Лэндри!) я смог попасть в Университет Сиэтла);
- координатора волонтерской организации;
- наставника из церковной общины;
- руководителя проекта, в котором вы участвовали;
- друга семьи, с которым вы делали реальный проект (но важно, чтобы это было формально оформлено).

Главное — заранее согласовать и предупредить рекомендателя и после этого со спокойным сердцем можно давать его имя, должность, email и номер телефона.

Формулы обращения и предложения помощи

Когда вы еще не уверены в себе и не знаете, как «предложить себя» — используйте следующие фразы:

- "I'm new to the area and looking to gain some experience. Can I help your team with any ongoing tasks as a volunteer?"

- "I admire the work your organization is doing. I'd love to contribute even on a short-term basis — is there a way to support you as an intern?"
- "I'm currently studying at [College Name] and looking to build real-world skills. Can I assist your office a few hours per week?"

Американцы ценят инициативу и ясность. Вы не навязываетесь — вы предлагаете помощь. И этим вы отличаетесь от большинства.

 **Как делать шаг за шагом, даже если ноль контактов и опыта**

Шаг 1. Зайдите на volunteermatch.org, выберите 2—3 предложения и подайте заявки.

Шаг 2. Составьте короткий email с фразой "Can I help you with…?" и разошлите по 5 организациям.

Шаг 3. Начните с 2—4 часов в неделю. Покажите себя.

Шаг 4. Попросите письмо-рекомендацию. Добавьте это в LinkedIn.

Шаг 5. Через 1—2 месяца оформите все это в красивое «опыт работы» в резюме.

Шаг 6. Начинайте подаваться на реальные вакансии.

 **Полезность**

Заведите «банк достижений», даже если вы пока нигде не работали. Записывайте каждую задачу, которую вы сделали как волонтер:

- «Организовал 200+ бумажных дел»;
- «Создал форму на Google Forms для регистрации»;
- «Обрабатывал входящие письма от студентов (до 15 в день)»;
- «Перевел анкету с английского на русский».

И через месяц у вас будет полноценный опыт, который можно красиво и честно оформить в резюме.

 **Бесплатные материалы к этому разделу, которые вы можете найти на сайте Drimusary.com**

➢ Образец рекомендации от координатора (на английском).

Права и обязанности на работе

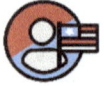 Когда мой знакомый, Артем, переехал в США, он устроился волонтером в местную библиотеку — помогал сортировать книги, проводил базовые компьютерные классы для пожилых. Никакой зарплаты, просто 10 часов в неделю, чтобы попрактиковать английский и быть хоть где-то «в деле». Через пару месяцев его заметили и пригласили подать заявку на позицию технического помощника в том же здании — с почасовой оплатой, официальным оформлением и возможностью участвовать в образовательных грантах. Все началось с простого желания быть полезным, а привело к первому официальному опыту работы в США.

Когда начинается официально оплачиваемая занятость, приходится сталкиваться с американской системой трудовых отношений. В которой важно все:

- какая форма у вас в налогах — W-2 или 1099[2];
- есть ли у вас перерывы, переработки;
- можете ли вы пожаловаться на начальника.

Узнать, на что вы имеете право, как работник в США, куда жаловаться на начальника, какие вопросы работодатель не имеет права вам задавать, можно на сайте EEOC (Equal Employment Opportunity Commission) — eeoc.gov. Это официальный орган, который защищает вас от дискриминации по возрасту, полу, расе, религии, беременности, инвалидности и другим признакам. На сайте подробно указано, что запрещено спрашивать на собеседовании, в каких случаях можно подать жалобу и как это сделать онлайн или по телефону, даже если вы пока не уверены, нарушены ли ваши права. Если вы хотите чувствовать себя уверенно на работе — особенно на первом месте — знайте свои права и обязанности.

---

[2] (W-2 означает, что вы официально оформлены как полноценный сотрудник, и работодатель удерживает налоги за вас, а 1099 — форма для самозанятых и подрядчиков: вы сами платите налоги за себя, но и сами решаете, где и сколько работать. Узнать, какая у вас форма, можно из документов при приеме на работу или из ежегодных налоговых форм, которые вам присылают в январе-марте);

Что обязан предоставить работодатель?

Если вы наемный сотрудник (employee), работодатель обязан:

1. Выдать вам форму W-2 — в ней отражаются ваши доходы и удержанные налоги.
2. Платить хотя бы минимальную зарплату — в 2025 году это:
   - $16,66/час — штат Вашингтон,
   - $20,76/час — Сиэтл,
   - $7,25/час — федеральный минимум, который не менялся с 2009 (если ваш штат не установил свой);
3. Выдавать вам pay stub (расчетный лист) — с деталями: сколько заработано, сколько удержано.
4. Предоставлять перерывы:
   - на обед (неоплачиваемый) — минимум 30 минут при смене от 5 часов;
   - короткие (оплачиваемые) — обычно 10 минут на каждые 4 часа.
5. Соблюдать законы об overtime: при работе более 40 часов в неделю каждая дополнительная минута должна оплачиваться по повышенной ставке — x1,5.

Если всего этого нет — возможно, вы оформлены как independent contractor, и это уже совсем другой разговор.

Employee vs Independent Contractor: в чем разница?

	Employee (W-2)	Contractor (1099)
Получает W-2	☑	✘
Работает по расписанию	☑	✘
Оплачивается с налогами	☑	✘ (вы платите налоги сами)
Получает льготы (иногда)	☑ (отпуск, страховка и т.д.)	✘
Может подать жалобу	☑	Частично/ограниченно

Если вас просят работать как self-employed, а вы при этом ходите по графику, сидите в офисе и используете ресурсы работодателя, это может быть неправильной классификацией, и в США это серьезное нарушение. Сразу жаловаться не обязательно. Лучше сначала обсудить это с работодателем: вежливо спросить, можно ли перейти на W-2, чтобы получать положенные «плюшки» и быть защищенным по закону. Если вас игнорируют или отказываются переводить, тогда уже можно обратиться в IRS или департамент труда штата, где вы можете подать жалобу анонимно.

Куда жаловаться, если что-то пошло не так?

Если ваши права нарушены — не бойтесь подавать жалобу. В США для этого существуют реальные механизмы:

- **L&I (Labor & Industries)** www.lni.wa.gov (на примере штата Вашингтон) — рассматривает нарушения зарплаты, отсутствие перерывов, опасные условия труда;
- **DOL (Department of Labor)** www.dol.gov — федеральный орган, следит за трудовым правом, рассматривает нарушения, связанные с невыплатой зарплаты, переработками, минимальной оплатой, небезопасными условиями труда и неправильной классификацией работников;
- **EEOC (Equal Employment Opportunity Commission)** www.eeoc.gov — рассматривает нарушения, связанные с дискриминацией (по полу, возрасту, национальности и т. д.).

Вы можете подать жалобу онлайн, без адвоката, а в некоторых случаях — анонимно. Система защищает не работодателей, а трудящегося человека, особенно в штатах вроде Вашингтона и Калифорнии.

Что нельзя спрашивать у вас на интервью?

Даже если интервью кажется «дружеским» — есть четкие границы. Работодатель **не имеет права** задавать вам вопросы о:
- возрасте,
- религии,
- семейном положении,
- наличии детей,
- иммиграционном статусе/гражданстве/наличии грин-карты (кроме вопроса: «Имеете ли Вы право на работу в

США?»), исключение составляют вакансии, где заранее указано, что наличие гражданства США обязательно.

- расовой или этнической принадлежности,
- сексуальной ориентации,
- беременности или планировании детей.

Если вы чувствуете, что собеседование вышло за рамки — не обязаны отвечать, но и обострять не стоит. Просто скажите: "I prefer to focus on my qualifications and experience for the role".

Полезность

Проверьте, кем вы оформлены: employee или contractor. Вот как:

1. Посмотрите свою налоговую форму:
   - **W-2** = вы employee,
   - **1099-NEC** = вы contractor.

2. Задайте себе вопросы:
   - работаете ли вы по графику?
   - контролирует ли работодатель ваш процесс (что, когда, как)?
   - используете ли вы ресурсы компании (офис, техника, ПО)?

Если ответ «да» на все три вопроса, а вы оформлены по форме 1099 — есть высокий риск незаконной классификации. Это значит, что работодатель экономит на налогах за ваш счет. Вы можете потребовать пересмотра статуса.

Бесплатные материалы к этому разделу, которые вы можете найти на сайте Drimusary.com

➢ Чек-лист «Нарушают ли мои права на работе?» На примере трудового права штата Вашингтон (WA).

Как совмещать работу с учебой, детьми и иммиграцией?

 Когда мы только начали свой путь в США, я часто ловил себя на мысли, что как будто проживаю три параллельные жизни. Первая — это учеба. Курсы, домашки, дедлайны, лекции, бессонные ночи. Вторая — работа. Сначала волонтерство, потом программа WorkFirst, потом уже официальная работа. И третья — семья. Двое маленьких детей, бытовые задачи, адаптация, школа, болезни. А еще была четвертая — иммиграционная реальность. Сбор документов, формы, консультации, ожидание и нервное обновление USCIS-страниц. В какой-то момент я понял: никто не справляется со всем одновременно идеально. Но если выстроить систему, если правильно распределить приоритеты, все становится возможным. Не легко, но возможно.

Жизнь иммигранта = три (или больше) нагрузки одновременно

Это правда: у большинства иммигрантов в США нет роскоши жить «только как студент», «только как работник» или «только как родитель». Потому что вы — все это сразу. Это реальность, к которой можно подготовиться и которую можно организовать.

Расстановка приоритетов: финансы vs статус vs дети

У каждого — свой расклад, но обычно все упирается в три направления:

1. Финансы: нужно оплачивать аренду, еду, страховку, транспорт, что даже при пособиях (*EBT, Medicaid, Cash Assistance*) не всегда легко; многие идут на любую работу, лишь бы была стабильность.

2. Статус: важно соблюдать условия визы или иммиграционного дела (кому-то не разрешено работать, кто-то обязан учиться *full-time* (например, по визе F1).

3. Дети: нужны сады, школы, внимание, режим, помощь в адаптации, и следить за всем даже при наличии партнера сложно.

И вот тут нужна стратегия. Потому что все сразу — не вытянуть, но что-то — всегда возможно.

Онлайн-обучение и гибкий график

Все поменялось после пандемии. Сейчас в США можно:

- учиться полностью онлайн в community college или университете,
- брать частичную загрузку (работать part-time),
- проходить курсы в вечернее время или по выходным.

Примеры

- Tacoma Community College предлагает онлайн-программы даже для студентов TANF[3].
- EdX, Coursera, Udemy[4] — можно получить навыки (например, Excel, Project Management) за $0—100
- Google Career Certificates — $49/мес на Coursera, реальный шанс начать в IT/аналитике.

 **Поддержка для родителей**

1. Childcare Assistance (в штате Вашингтон — Working Connections Child Care):
   - покрытие до 100 % стоимости детского сада, если семья получает пособия или учится/работает;
   - подать можно через www.washingtonconnection.org.
2. FAFSA / WASFA (гранты на учебу):
   - федеральные и штатовские гранты до $7,395 в год (2024—25);
   - некоторые колледжи дают дополнительные гранты для родителей;
   - подавать лучше заранее (с октября каждого года).
3. Basic Food / BFET программы:
   - обеспечивают обучение, транспорт и даже бесплатные ноутбуки для студентов на EBT;
   - работают через колледжи и DSHS.

---

[3] Temporary Assistance for Needy Families — программа финансовой помощи для малообеспеченных семей с детьми, включающая поддержку в обучении и трудоустройстве

[4] EdX — онлайн-платформа с курсами от университетов, где можно учиться бесплатно или за сертификат за плату. Coursera — платформа с курсами от университетов и компаний, часто с бесплатным доступом к содержанию и платными сертификатами. Udemy — онлайн-магазин курсов от индивидуальных преподавателей, где навыку можно обучиться за $10—20).

4. Student Support Services в колледжах:
   - доступ к психологу, тьютору, консультанту;
   - часто дают продуктовые карточки, бензиновые ваучеры, помощь с учебниками.

Семейные стратегии: «один учится — другой работает»

Это самый надежный, пусть и непростой путь.

Примеры:

- один из супругов учится full-time и участвует в программе *WorkFirst* или *BFET*, получает гранты и льготы;
- второй берет на себя основную нагрузку: работа + дети;
- через год-полтора меняются местами;
- так за 2—3 года семья получает:
  ○ два американских образования,
  ○ один или два рабочих опыта,
  ○ детей, уже адаптированных к школе и языку,
  ○ более устойчивое финансовое положение.

Полезность

Если вы учитесь, откройте сайт вашего колледжа и найдите раздел Student Support.

Там могут быть:

- бесплатный детский сад на кампусе,
- помощь с транспортом,
- ваучеры на еду,
- даже бесплатные ноутбуки.

А ведь 90 % студентов никогда не читают эти страницы — и теряют ресурсы, которые могли бы изменить их жизнь. Потратьте 15 минут и узнайте, что вам реально доступно уже сегодня.

Бесплатные материалы к этому разделу, которые вы можете найти на сайте Drimusary.com

➢ Чек-лист: как рассчитать семейную стратегию на 12 месяцев (учеба/работа/дети);
➢ Шаблон плана адаптации семьи (для иммигрантов с детьми).

Как расти? Карьерный трек по-американски.

Моя супруга начинала в США с неоплачиваемой стажировки (каждый день по 6—8 часов без зарплаты и каких-либо гарантий). Но уже через пару недель она стала приносить реальную и ощутимую пользу: ее начали вызывать в другие отделы: «Ты не хочешь попробовать вот это?», «Ты хорошо справляешься — приходи на совещание», а потом предложили первую оплачиваемую должность.

Похожая история была у моей знакомой, Валентины, с которой мы познакомились на одном из тренингов. Она начала с волонтерской работы в местном колледже: помогала в административном офисе, хотя у нее самой тогда был слабый английский. Но она проявляла инициативу: организовала удобную систему учета звонков, предлагала идеи по расписанию, однажды даже исправила ошибку в отчете менеджера. Через три месяца ей предложили позицию ассистента по делопроизводству, а потом оплатили курсы по управлению офисом — сейчас она работает в руководстве школьного округа на постоянной позиции со всеми положенными бенефитами, которые сопровождают официальное трудоустройство, — медицинская страховка, оплачиваемый отпуск и др.

В США карьерный рост не происходит автоматически. Здесь нет выслуги лет, нет гарантий, что просто стаж или лояльность откроют вам новые двери. Но здесь есть другое: если вы делаете больше, чем от вас ждут, — вас замечают. Если вы прямо говорите, что хотите учиться, развиваться, брать на себя больше, — вас слышат. А если вы выстраиваете отношения с менеджером, становитесь надежным и инициативным членом команды — у вас появляются такие шансы, которых нет у кандидатов «с улицы». В этой системе не продвигаются «по должности» или по родству— продвигаются те, кто становятся ценными.

Что такое карьерная лестница в США?

В большинстве американских компаний рост выглядит так:
1) вы приходите на стартовую позицию — например, Office Assistant;
2) делаете свою работу — и чуть больше;

3) получаете хороший отзыв на performance review (обычно через 6 или 12 месяцев);

4) подаетесь внутри компании на следующую позицию — например, Coordinator или Specialist;

5) получаете референс от своего менеджера, и вас берут на новую роль.

Так можно пройти путь от студента без опыта до менеджера с полномочиями и ответственностью за 2—3 года. При этом вы не обязаны менять компанию, если внутри нее возможен рост.

Soft skills и проактивность — ваша топливная система

В США ценят не только, *что* вы делаете, но и *как* вы это делаете. Что относится к soft skills, за которые дают продвижение:

- умение решать проблемы без нытья;
- коммуникация: кратко, точно, без лишней драмы;
- инициатива: «*Я заметил, что можно упростить отчет — вот предлагаемый вариант*»;
- эмпатия: «*Я понимаю, что у нас дедлайн, могу взять часть задачи на себя*»;
- спокойствие в конфликте: «*Давайте обсудим это после встречи. Я вас услышал*».

Если вы проактивны и при этом не создаете лишнего шума — с вами хотят работать. А значит — продвигать.

Performance Review & 1-on-1

В большинстве компаний раз в год проводится оценка эффективности — это шанс получить:

- повышение,
- бонус,
- рекомендацию,
- новые задачи или проект.

Но к этому нужно готовиться заранее. Вот как:

1. В течение года фиксируйте достижения: в чем улучшили процесс, где сэкономили время, как решили проблему.

2. За 1—2 недели до ревью отправьте своему менеджеру короткое письмо с основными результатами.

3. На самой встрече говорите по делу: «Я увеличил скорость регистрации студентов на 30 %. Хочу двигаться в сторону координатора. Что для этого нужно?»

1-on-1 — это еженедельные или ежемесячные короткие встречи с менеджером (15—30 минут), где обсуждаются:

- прогресс по задачам,
- что мешает работать,
- планы на будущее,
- инициативы, которые вы хотите взять.

Если таких встреч нет — попросите их ввести. Это нормально, и часто воспринимается как зрелость.

Как просить о росте или смене роли?

В США не принято «ждать, когда заметят». Принято говорить напрямую, но в конструктивной форме.

Примеры формулировок:

- *«Я чувствую, что вырос профессионально за последние 6 месяцев. Мне бы хотелось обсудить возможность перейти на следующую позицию или взять больше ответственности».*
- *«Я бы хотел узнать, что нужно улучшить, чтобы в будущем претендовать на роль координатора».*
- *«У меня есть интерес к [смежной области]. Есть ли возможность попробовать себя в этой функции, хотя бы частично?»*

Помните, что вы не требуете — вы предлагаете. И это ценят.

Как не надо говорить, чтобы не сжечь мосты?

✗ «Я уже год тут работаю, когда будет повышение?»

✗ «Мне неинтересно заниматься этим, дайте другое».

✗ «Я делаю больше всех — почему я не менеджер?»

Все эти эмоции, обвинения, сравнения — путь в никуда. Говорите через понятия ценности и роста. Даже если вы устали и даже если вы обижены.

Полезность

Составьте таблицу своих достижений за последние 3 месяца, всего три столбца:

Эта таблица — ваша база для:

- обсуждения повышения,
- обзор производительности (performance review),
- подготовки резюме.

Что я сделал	Какой был результат	Чем это помогло команде/бизнесу
Перевел формы на испанский	Снизили нагрузку на фронт-деск	Стало на 30 % меньше вопросов от студентов

Если вы не фиксируете успехи — никто этого за вас не сделает. Помните про многочисленные блокноты и записи, которые я рекомендовал вести, в начале книги? Их нужно вести: это ваша отчетность не перед кем-то — это для себя, это для своего Пути.

 **Бесплатные материалы к этому разделу, которые вы можете найти на сайте Drimusary.com**
➢ Чек-лист «Готов ли я к следующей роли?».

Карьерные ошибки иммигрантов

Когда я только начал осваиваться в американской среде, мне казалось, что главное — быть трудолюбивым, вежливым и «не мешать». Я молчал, когда мне было неудобно, благодарил, когда нужно было говорить «нет», соглашался, когда стоило предложить лучшее решение. Я думал, что я был «удобным» работником. Но это не давало мне никакого роста. В какой-то момент, когда у меня уже появились и опыт, и первые предложения, я увидел закономерность: больше всего тормозят карьеру не ошибки в резюме, а внутренние установки, которые мы привозим с собой из родных стран, и именно с ними нужно работать в первую очередь. Потому что система в США устроена иначе. Та же вежливость, которая «в тему» в постсоветской культуре, здесь может быть воспринята как отсутствие инициативы или слабость. Принцип «не высовывайся», въевшийся в нашу плоть и кровь — это не для Америки.

Ожидание идеального предложения

Одна из самых частых ошибок — ждать ту самую «правильную» работу, отказываться от простых стартовых ролей, «пока не придет что-то по профилю». Но в США почти никто не начинает с профессии, по которой получил диплом. Работа — это ступенька. Не цель.

Я видел, как человек с двумя высшими образованиями из Казахстана начинал в колледже помощником на ресепшене — а через 10 месяцев получил оффер в небольшую технологическую компанию. Получил бы он этот оффер без этой работы в колледже? Возможно, да, но скорее всего, нет.

Выбирайте не престиж — выбирайте точку входа, где вас заметят.

Игнорирование soft skills и нетворкинга

Иммигранты часто думают: «Главное — уметь. Остальное неважно». Но в США уметь — это базовый уровень. Если вы при профессиональных умениях не способны говорить, слушать, договариваться и быть частью команды — рост невозможен. А еще — здесь до 60 % вакансий уходят по знакомству.

И если вы:

- не знакомитесь с коллегами,
- не говорите: «Я ищу возможности в этой сфере»,
- не добавляете людей в LinkedIn, вы просто не существуете на рынке.

Даже если вы интроверт, вам нужен нетворкинг. Пусть тихий, но постоянный.

Молчание вместо открытого разговора

 Вы работаете, вас что-то не устраивает, но вы молчите, потому что «неудобно» или «еще рано». Потому что «вдруг подумают, что я жалуюсь». В США молчание воспринимается как согласие. Не нравится график — скажите. Есть идея по улучшению — предложите. Чувствуете, что вас «грузят» — обсудите.

Хорошие менеджеры ждут честного, но конструктивного диалога. Это не конфликт — это работа.

Иммигранты часто боятся выглядеть наглыми.

 Но тут работает другое правило: *«Если ты не просишь — ты этого не хочешь».* Просить повышения, больше ответственности, участия в проекте — это абсолютно нормально. Более того — это часть культуры. Ваша задача — не «терпеть до лучших времен», а сказать, чего вы хотите, и как вы к этому готовитесь.

Синдром самозванца и привычка «перетерпеть»

- «Ну кто я такой, чтобы претендовать…»
- «Наверное, я еще не готов…»
- «Подожду, пока спросят сами…»

Синдром самозванца свойственен тем, кто переехал, начал с нуля, сменил язык, окружение и профессию. Но именно вы и есть пример человека, который уже доказал свою ценность: выстроили жизнь в новой стране, справились с системой, начали говорить на другом языке.

Не игнорируйте это. *Терпеть и ждать — значит остановиться. А вы сюда приехали, чтобы идти вперед.*

Полезность

Сделайте честную ревизию — какие из этих установок мешают вам?

Установка	Как она проявляется у меня?	Что я могу сделать иначе?
Жду идеального предложения	Не подаюсь на «простые» вакансии	Начать с позиции в колледже
Молчу, когда тяжело	Не прошу помощи при перегрузке	Назначить 1-on-1 и проговорить
Не прошу повышения	Жду, что сами заметят	Подготовить письмо и инициировать

Один час, затраченный на такую таблицу, может перевернуть и оживить вашу карьерную траекторию.

Бесплатные материалы к этому разделу, которые вы можете найти на сайте Drimusary.com

➤ Инструкция, как находить и поддерживать контакт с нужными людьми через LinkedIn,

➤ Мини-гайд по нетворкингу для интровертов (10 тактик без фальши).

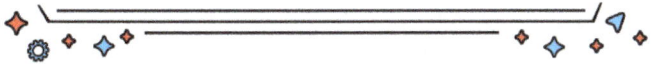

Глава 4. УДАЛЕННАЯ РАБОТА В США

Введение: почему удалёнка — отличный старт

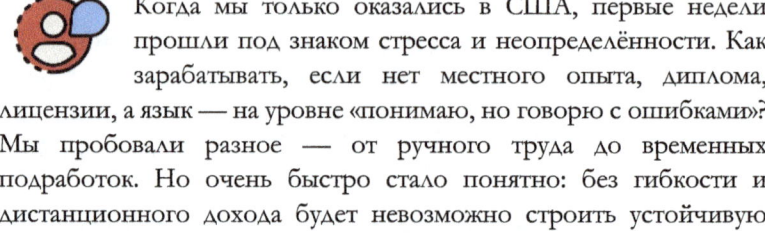

Когда мы только оказались в США, первые недели прошли под знаком стресса и неопределённости. Как зарабатывать, если нет местного опыта, диплома, лицензии, а язык — на уровне «понимаю, но говорю с ошибками»? Мы пробовали разное — от ручного труда до временных подработок. Но очень быстро стало понятно: без гибкости и дистанционного дохода будет невозможно строить устойчивую жизнь, особенно с детьми. Удалённая работа оказалась не просто выходом — это был наш старт в новую реальность.

Удалёнка даёт вам свободу. Не ту абстрактную, про мечты на фоне океана, а очень конкретную:

- Работать из дома
- Не зависеть от машины и трафика
- Быть рядом с детьми или пожилыми родителями
- Гибко планировать день, особенно если вы совмещаете с учёбой, языковыми курсами или другим проектом
- Зарабатывать в долларах даже находясь вне США

Многие иммигранты начинают именно с удалёнки. Почему? Потому что это один из немногих способов зарабатывать легально, быстро и без местного лицензирования. Вам не нужно сразу подтверждать диплом, проходить курсы за тысячи долларов или ждать разрешения на работу годами. Вы можете уже через 2–3 месяца изучения базовых навыков получить свой первый проект.

Почему это реально?

Средняя ставка начинающего виртуального ассистента в США — $7–10 в час. Начинающий дизайнер на Fiverr — $100–300 за проект. Фриланс-переводчик на Upwork — $10–25 в час. Поддержка клиентов в Etsy-магазине — $400–800 в месяц на полставки.

При этом вы можете совмещать несколько задач и постепенно наращивать доход. Реальный пример среди моих знакомых —

переход от 0 к $2,500 в месяц за 9 месяцев работы с клиентами, исключительно на удалёнке, без американского диплома и с английским В1.

Удалёнка — это старт, а не потолок

Важно понимать: удалёнка — не конечная точка. Это ступень. Пока вы осваиваетесь, учитесь жить в новой стране, подтягиваете язык и адаптируетесь — вы уже зарабатываете. И при этом строите портфолио, кейсы, собираете отзывы, увеличиваете свою экспертность. Через год вы можете перейти на работу в штат, открыть своё дело, масштабировать услуги или выйти на корпоративных клиентов.

Полезность

Создайте аккаунты сразу на нескольких платформах: Upwork, Fiverr, Freelancer.com и Toptal. Используйте одно и то же портфолио, адаптированное под формат площадки. Это даст вам в 3–5 раз больше шансов на первый заказ.

И ещё:

Сразу введите ежедневную привычку — 15 минут в день на отклики. Даже если нет заказов — учитесь продавать свои услуги. Это такой же навык, как Excel или Figma.

Хороший старт — это не когда всё идеально. Это когда вы двигаетесь, несмотря на ограничения. Удалёнка — именно такой старт. Он не требует идеального английского или «американской корочки». Он требует только одного — решимости. Всё остальное мы с вами упакуем вместе: навыки, профили, стратегии и план выхода на стабильный доход.

Бесплатные материалы к этому разделу, которые вы можете найти на сайте Drimusary.com

➤ Чек-лист: что нужно подготовить перед выходом на удалёнку

➤ PDF-гид: как оформить первый договор с клиентом (на английском)

Юридическая сторона: как оформлять деятельность?

 Моя знакомая Ольга переехала в США по семейной визе, не имея разрешения на работу, но нашла удалённые проекты — делала переводы, помогала вести Instagram-магазины, делала описания товаров на Etsy. Первые клиенты платили ей напрямую через PayPal. Всё шло гладко — до тех пор, пока один заказчик не пожаловался на некачественную работу и запросил возврат. PayPal заморозил её аккаунт и заодно и передал всю информацию налоговой службе США. А Ольга наивно не отчитывалась о доходах — ведь это были «просто подработки». Как печальный итог: блокировка средств, штраф, и необходимость срочно объяснять свою налоговую ситуацию IRS.

Многие думают: если вы работаете «на удалёнке», особенно с клиентами не из США, то можно ничего не оформлять — но это опасная иллюзия. Даже если вы только начали, закон уже требует от вас соблюдать определённые правила, иначе через год-два может быть неприятный сюрприз: штраф, запрет на получение грин-карты или отказ в визе из-за налоговых нарушений.

Когда вы обязаны оформлять свою деятельность?
Если вы:
- физически находитесь в США более 183 дней (рассчитывается по тесту на существенное присутствие в США, подробнее будет освещаться в полной версии книги) и
- получаете оплату за свои услуги напрямую от клиентов (неважно, из США или других стран) или
- не оформлены официально как работник (W-2) или
- работаете на фриланс-биржах, но получаете выплаты на свой счёт в США или за пределами США

То вы уже являетесь self-employed (самозанятым), и закон требует отчётности.

Куда и как платить налоги?
1. В IRS — если ваш доход превысил $400 в год, вы обязаны подать декларацию как self-employed.
2. Федеральный Self-employment tax — примерно 15.3% (соц. страхование и Medicare).

174

3. Налог вашего штата на доход — в зависимости от юрисдикции, может быть дополнительный налог (в Вашингтоне, например, нет подоходного налога, но есть B&O Tax).

4. Годовой отчёт по форме Schedule C — обязательный, даже если вы не зарегистрировали LLC.

Три возможных статуса для удалённого работника

Статус	Когда применим	Что нужно оформить
Self-employed (индивидуальный фрилансер)	Доход <$10,000 в год, вы только начали	Регистрация EIN (бесплатно) + ведение учёта доходов
Sole Proprietorship with DBA (Doing Business As)	Хотите работать под названием (не своим именем)	Регистрация LLC с DBA (от $25 до $100, зависит от штата)
LLC (одиночка или с партнёром)	Планируете расти, привлекать клиентов и выставлять счета от юрлица	Регистрация LLC ($200–300 по штатам) + годовой отчёт + налоги

Частые ошибки, которые лучше не повторять

- Не оформлять EIN — и потом не могут открыть бизнес-счёт
- Получать большие суммы на личный PayPal — и получить автоматическую проверку
- Не учитывать доход — и потом не доказать источник средств при подаче на грин-карту
- Использовать Zelle/Venmo для бизнеса — и получить блокировку аккаунта
- Не откладывать на налоги — и в апреле столкнуться с суммой $3,000+, которую нечем платить

Какие есть способы принимать оплату легально?

Способ	Нужно ли оформлять?	Особенности
PayPal Business	paypal.com/us /business	Обязательно указать EIN и адрес деятельности
Wise Business	wise.com/us/ business	Можно принимать платежи из-за границы
Stripe	stripe.com	Удобно для приема оплаты по картам
Zelle / Venmo (Personal)	zellepay.com venmo.com	Не стоит использовать для бизнеса — может привести к блокировке и штрафам

Полезность

Оформите EIN (Employer Identification Number) бесплатно на сайте IRS. Даже если вы не открываете LLC, EIN защитит ваш SSN и поможет получать оплату от клиентов как бизнес.

Сделать это можно на сайте www.irs.gov/businesses/small-businesses-self-employed/apply-for-an-employer-identification-number-ein-online. Всё делается онлайн, занимает 10 минут, а подтверждение приходит сразу.

Помните, что удалённая работа — это свобода, но она требует ответственности. Вы можете зарабатывать хоть $500 в месяц, но если вы не оформлены — вы уже в потенциальной зоне риска, поэтому убедитесь, что вы действуете в рамках закона с самого начала, особенно если в будущем хотите получать визу, грин-карту или гражданство США.

Бесплатные материалы к этому разделу, которые вы можете найти на сайте Drimusary.com

➤ Пример контракта с клиентом на фриланс-услуги (EN)

Налогообложение удалённой работы

 Когда Иван переехал в США, он быстро нашёл подработку на фрилансе: вёл YouTube-канал клиента, делал субтитры, переводил видео. Доход рос и через 6 месяцев он уже зарабатывал около $3,000 в месяц. Деньги приходили через PayPal, всё было «неофициально» и никакие отчёты он не подавал. Он считал: «Я пока просто подрабатываю, налоги потом как-нибудь заплачу», а потом наступил апрель и место налогового возврата он получил уведомление от IRS о задолженности в $6,200, включая пени и штраф за неподачу отчётности. Более того, позже Иван узнал, что налоговая задолженность может повлиять на получение им грин-карты.

Поэтому удалённая работа — это не только свобода. Ведь эта свобода идёт рука об руку с налоговой ответственностью. И если вы не понимаете, как считать налоги, как их платить и какие отчёты сдавать, вы рискуете не только деньгами, но и своим будущим иммиграционным статусом. Если вы из одной из стран СНГ, мой вам совет: не привозите СНГ с собой. Напомню: американская система (в т. ч. налоговая) отстраивалась и совершенствовалась 250 лет. Годами получать незадекларированный доход, как вы, возможно, привыкли это делать в Украине / России, и совершенно не думать о налоговых последствиях – не получится. Налоговый инспектор придет обязательно и оштрафует на такие суммы, которые могут кратно превысить доход, который вы считали «просто подработкой». Срок давности налоговой проверки в США – вплоть до 6 лет назад и еще + 10 лет – срок взыскания этих сумм. А если будет установлено, что декларация не подана, подана мошенническая/поддельная, либо в ней содержится умышленный обман, то срок давности не применяется вообще – проверить могут и через 40 лет.

Помните, что вы уже не «там», где власти закрывали глаза на мелкие налоговые шалости, или были недостаточно компетентны, чтобы поймать всех.

Основные принципы налогообложения для удалёнщика

Если вы работаете удалённо и не получаете W-2 от работодателя, то вы считаетесь self-employed. Это означает, что вы платите не только подоходный налог (income tax), но и налог на самозанятость (self-employment tax).

Вид налога	Ставка	Примечание
Federal Income Tax	10–37%	В зависимости от вашего дохода
Self-Employment Tax	15.3%	Состоит из Social Security (12.4%) и Medicare (2.9%)
State Income Tax	0–13.3%	Например, в WA — 0%, в CA — до 13.3%

Пример: если вы заработали $40,000 за год на удалёнке, и у вас нет LLC, то налоги могут составить:
- Self-employment tax: $6,120
- Income tax (федеральный, упрощённо): около $2,500–4,000, в зависимости от вычетов.

Итого к оплате: ~$8,500–10,000

Какие формы и когда подавать?

Форма	Когда подавать	Для чего нужна
Schedule C (Form 1040)	до 15 апреля каждого года	Указывает доходы и расходы как self-employed
Schedule SE	вместе с Schedule C	Рассчитывает налог на самозанятость
Форма 1099-NEC	приходит от клиентов (если заработали $600+)	Вы обязаны указать доход, даже если формы нет
Форма W-9	предоставляется клиенту	Клиент использует её, чтобы отправить вам 1099
Estimated Tax (Form 1040-ES)	ежеквартально (по желанию)	Предоплата налога, чтобы избежать штрафов

Что можно списывать с налогов?

Чтобы уменьшить налоговую нагрузку, вы можете списать некоторые деловые расходы. Вот примеры того, что можно учесть:

Категория	Примеры расходов
Рабочее оборудование	Ноутбук, монитор, гарнитура, веб-камера
Подписки	Canva Pro, Zoom, Notion
Комиссии платформ	Комиссия Upwork, PayPal, Stripe
Домашний офис	Пропорция аренды или ипотеки (если выделено рабочее место)
Образование	Курсы, книги, сертификация (если по теме работы)

Внимание! Список всех вычитаемых расходов гораздо шире и приведен здесь для примера.

Важно:

- Сохраняйте квитанции, скриншоты, электронные письма, чтобы при проверке IRS вы могли подтвердить каждый расход.
- Каждый расход должен быть напрямую связан с вашим бизнесом или самозанятостью и «быть необходимым и разумным» для ведения бизнеса. Закажете стол из красного дерева — необходимым и разумным его не сочтут.

 **Полезность**

Откройте отдельный банковский счёт для ваших доходов (например, тех, которые вы получаете от вашей удалённой работы как самозанятый). Это поможет вам чётко разделять личные и рабочие финансы, не путаться в учёте и упростит подготовку к налоговой декларации.

Используйте бесплатное приложение для учёта: например, Wave Accounting или QuickBooks Self-Employed (платно, но с налоговыми автоматизациями).

Налоги в США — это тоже инструмент. И при правильно оформленном доходе, грамотно поданных формах и учтённых расходах, возможно не только снизить налоговые отчисления, но и усилить ваш иммиграционный профиль, особенно если вы в будущем планируете подачу на грин-карту или визу через бизнес- или рабочую категорию.

 **Бесплатные материалы к этому разделу, которые вы можете найти на сайте Drimusary.com**

➢   Список бизнес-расходов, разрешённых к вычету

Как избежать мошенничества?

Мой знакомый, назовем его «Александр» - был уверен, что у него всё получится: он только что переехал в США, английский у него — почти без акцента, портфолио — как у арт-директора крупного агентства. Он знал, что в Америке можно работать удалённо, зарабатывать больше и не зависеть от визы. Так и вышло: через пару дней он откликнулся на вакансию на Indeed — дизайнер, гибкий график, $45 в час, выплаты каждую неделю. Всё выглядело довольно убедительно, он прошел онлайн-интервью с менеджером с британским акцентом, получал вежливые корпоративные письма, ему отвечала поддержка в чате. А потом ему пришёл чек на $3,000 — «для покупки оборудования». Его попросили обналичить деньги и перевести часть какому-то подрядчику. Александр не сомневался, ведь он хотел проявить себя и не подвести нового работодателя. Он перевёл $2,100 и продолжил ждать инструкций. Но через неделю из его банка позвонили и сообщили, что чек — фальшивка, а его счёт заморожен и будет закрыт. По факту также информация передана в полицию для возбуждения дела о мошенничестве. Больше месяца он писал объяснительные, общался с детективами, пытался восстановить доступ к аккаунтам и тратил деньги на адвокатов. А работы все еще не было, как и денег. Осталась только усталость и разочарование.

Когда я услышал его историю, то меня передёрнуло. Так как в какой-то момент я и сам был рядом с этой гранью, потому что мне с почты какого-то человека из моего Seattle University пришло письмо с аналогичным мошенническим предложением «заработать на обналичивании чеков». Ведь, только приехав, я, как и он, ловил любую возможность и хотел доказать, что я достоин этой страны. Хотел зарабатывать «как все». Я мог бы так же клюнуть на сладкие условия и добрые слова «нанимателя». Но мне не просто повезло — я включил моего внутреннего «юриста» и решил перепроверить это, просто позвонив в мой основной банк и они подтвердили, что это мошенническая схема.

Поэтому удалённая работа в США — это не волшебная палочка, а рынок, на котором полно мошенников. Особенно там, где вы не знаете правил игры. Здесь каждый чек, каждая вакансия, каждое обещание должно проходить через внутреннюю систему проверки: «а это точно реально?», потому что иногда это может быть ловушкой. И она захлопывается именно в тот момент, когда вы решили, что вам наконец повезло. Помните, что удалённая работа — мощный инструмент свободы. Но, как и любая свобода, она требует зрелости, а не наивности.

Какие бывают схемы обмана?

Тип мошенничества	Как это работает?	Как выглядит на практике
Фальшивые чеки	Вам присылают чек, просят вернуть часть денег — а чек недействителен	«Оплата за оборудование», «переплата», «бонус»
Предоплата за товар	Вас просят купить что-то и обещают компенсировать — потом исчезают	«Купи софт/подписку, мы вернём»
Похищение данных	Сбор личной информации якобы для оформления — используется для кражи ID	«Заполните форму W-4 / паспортные данные / SSN»
Фальшивые платформы	Создают сайт-клон биржи фриланса или рекрутинговой платформы	«upw0rk.net», «Freelanncer.work»
Подставные задания	Просят выполнять бессмысленную работу под видом тестового задания	«Скопируй текст», «вбей данные», «сделай анализ» — без оплаты

5 признаков, что вас пытаются обмануть

- Вас просят купить что-либо за свой счет
- Вам предлагают чек или перевод на большую сумму «вперед»
- Вы не можете найти информацию о компании в открытых источниках (Google, LinkedIn)

- С вами общаются только по Telegram/WhatsApp, без корпоративной почты
- «Собеседование» длится 3 минуты и вас сразу берут на работу

Что делать, чтобы не попасться?

- **Проверяйте компанию**
  Зайдите на Better Business Bureau (www.bbb.org), Glassdoor (www.glassdoor.com) или LinkedIn. Реальные компании всегда оставляют цифровой след.

- **Никогда не обналичивайте и не возвращайте деньги, пришедшие «по ошибке»** — это классическая схема.

- **Не сообщайте свои банковские данные, номер Social Security или ID,** если нет договора и подтверждённой платформы.

- **Сохраняйте всю переписку и документы,** если что-то вызывает сомнения — покажите это знакомому юристу (например мне).

- **Работайте через платформы с гарантией оплаты:** Upwork, Fiverr, Freelancer. Они удерживают плату у клиента и переводят вам только после подтверждения выполнения задания.

Полезность

Включите в Google Alerts или Google поиск фразу «remote job scam» + название платформы или компании, на которой нашли вакансию. Вы сразу получите на почту, если кто-то уже жаловался на мошенников под этим именем.

Проверяйте подозрительные домены: например, на whois.domaintools.com, и, если сайт зарегистрирован менее года назад, это может быть ловушкой.

Бесплатные материалы к этому разделу, которые вы можете найти на сайте Drimusary.com

➢ Чек-лист: 15 признаков мошенничества в удалённой работе (PDF)

Что ожидают заказчики?

Моя знакомая, Марина из Украины, была на седьмом небе от счастья. Она только начала осваивать Upwork, и сразу же — первый заказ на дизайн карточек товаров для Shopify. Она выложилась на сто процентов: уточняла формулировки, предлагала идеи, спрашивала, как лучше — чтобы точно не ошибиться. Хотела быть полезной, внимательной, «той самой». Через пару дней клиент просто исчез. А когда появился — то оставил уничтожающий отзыв: «Слишком много вопросов. Не соблюдает дедлайны. За ней нужно перепроверять каждую мелочь». Марина была в полном шоке. Она не поняла, что произошло. Она старалась. Думала, что делает всё правильно. Она хотела быть коммуникабельной. А её восприняли как неорганизованную и непрофессиональную.

Мы говорили с ней об этом по Google Meet — и я чувствовал, как у неё дрожит голос. Потому что дело было не только в деньгах, а в том, что её первый шаг в американский рынок закончился провалом. И дело даже не в её навыках — она действительно многое умела, она просто не поняла одну элементарную вещь: удалённая работа — это не только умения выполнять задачи, а, что не менее важно — умение угадывать ожидания заказчика. Это значит молчать, когда надо молчать, и делать, когда нечего обсуждать. Быть проактивной, но не липкой.

Я вспоминаю свой первый серьёзный проект как помощника адвоката в США — я тоже был слишком разговорчив. Хотел, чтобы клиент знал каждую деталь, в то время как он просто хотел результат. Без звонков. Без правок. Наверно, тогда мне повезло — я получил второй шанс. А у Марины его, к сожалению, не было. Потому что плохой рейтинг на платформе в самом начале — это как клеймо.

Удалённая работа — это тонкая игра. Где вы одновременно и исполнитель, и менеджер, и переводчик чужих эмоций. И самое обидное, что можно проиграть не потому, что вы плохой специалист, а потому что впервые оказались на чужом поле — и не поняли правил.

Чего хотят заказчики (и чего не хотят)?

Большинство заказчиков не хотят быть менеджерами для вас. Они нанимают фрилансера, чтобы сэкономить своё время, а не чтобы обучать, перепроверять, выслушивать оправдания или управлять дедлайнами.

Вот список того, что заказчики ожидают по умолчанию, даже если прямо не проговорили:

Ожидание	Как проявляется на практике
Самостоятельность	Не задавать 10 вопросов, если ответы можно найти самому
Чёткость сроков	Сдать в срок — это базовый стандарт, а не достижение
Умение писать кратко и по делу	Не «Добрый вечер, уважаемый мистер Джон», а «Task done, link below»
Упорядоченность	Сдать работу с файлами, структурой, ссылками, пояснением
Быстрая коммуникация	Отвечать в течение 24 часов, а лучше — в течение 2–4 часов
Внимание к деталям	Не пропускать инструкцию, не путать ссылки, не забывать про форматы

Что точно раздражает заказчика?

- Постоянные «уточняющие» вопросы без попытки разобраться
- Отправка незавершённой или грязной работы («чтобы проверить направление»)
- Молчание по несколько дней
- «Слетел интернет», «сломался ноутбук», «заболел» — без заранее присланного прогноза по срокам
- Претензии к оплате без выполнения условий задания

Как превзойти ожидания (и получить повторный заказ)?

- Делайте final check перед отправкой: орфография, форматирование, логика.
- Добавьте «бонус»: если задание было «сделать дизайн баннера», приложите ещё 1–2 варианта.
- Напишите мини-отчёт, даже если его не просили. Заказчику важно понимать, за что он платит.

- Через 2–3 дня после завершения проекта напишите: «Если будет нужно что-то подобное — я на связи. Спасибо за сотрудничество!»

Все это увеличивает шансы на повторный заказ в 2–3 раза.

Как выглядят идеальные фразы в переписке?

Плохой вариант	Хороший вариант
«Я не успеваю, можно продлить?»	«Работа будет готова завтра до 18:00, приношу извинения за задержку»
«Что вы имели в виду под «оптимизировать»?»	«Под оптимизацией вы имеете в виду SEO или сокращение текста?»
«Вот файл»	«Вот итоговая версия. Вложено: PDF + исходник. Краткие изменения описаны ниже»

Полезность

- Создайте шаблон финального сообщения для сдачи проекта — с прикреплёнными файлами, коротким пояснением, структурой и вежливым завершением. Это добавляет +10 очков к вашей профессиональной репутации.
- Используйте таймеры (например, Pomofocus.io) и бесплатные таск-трекеры (Trello, Notion), чтобы не пропускать детали и держать сроки под контролем. Даже заказчики это чувствуют — вы работаете как компания, а не как студент на фрилансе.

Работать на удалёнке — это значит быть надёжным партнёром, а не просто исполнителем. Идеальный фрилансер — это не тот, кто делает «красиво», а тот, с кем удобно и спокойно. Это когда вас не надо учить, ждать или контролировать. Если вы станете таким человеком — клиенты будут держаться за вас, даже когда ставки повысятся вдвое.

С кем проще работать: частные лица или компании?

Моя знакомая Вика — опытный маркетолог из Казахстана; за плечами у неё были масштабные проекты с семизначными суммами (правда, в тенге), работа с агентствами и хорошие кейсы. После переезда в США она решила начать с фриланса, чтобы не зависеть от визы и сохранить гибкость. Ей хотелось зарабатывать, чувствовать контроль над своим графиком и быстро встроиться в новую среду.

Первый клиент нашёлся почти сразу. Это был блогер, продающий онлайн-курсы по астрологии. Он был харизматичным, уверенным и казался вполне профессиональным. Они переписывались в Telegram, обсуждали идеи, вдохновлялись будущими результатами. Но ни договора, ни технического задания оформлено не было. Условились, что оплату Вика получит в конце месяца, «когда всё будет готово».

Вика вложила в этот проект всё: она создала лендинг (маленький веб-сайт), продумала рекламную кампанию, провела аналитику и предложила стратегии продвижения. Через месяц, когда пришло время обсуждать оплату, блогер перестал выходить на связь. Сообщения оставались непрочитанными, Telegram показывал «last seen recently», а через несколько дней она оказалась в списке заблокированных. Позже Вика обнаружила, что её портфолио — лендинг, который она создала — больше не существует. Страницу перезапустили с другим оформлением. У неё не осталось ни оплаты, ни доказательств, ни возможности использовать работу в своём резюме.

Разочарование было сильным. Вика чувствовала себя использованной. Она вложила знания, силы и время в чужой успех — а сама осталась ни с чем.

После этого случая она решила сменить подход и попробовать сотрудничество с компанией. Опыт оказался совсем иным. Здесь всё было структурировано: подписанный договор, чётко описанные задачи, установленные дедлайны и стабильные выплаты каждую неделю. Творческой свободы стало меньше, зато появился порядок, надёжность и чувство защищённости.

Удалённая работа даёт свободу — но вместе с ней приходит и ответственность. Без понимания, кто ваш клиент, без юридических рамок, без защиты своих интересов — вы становитесь уязвимыми.

Важно не только уметь делать работу, но и уметь выбирать, для кого вы её делаете.

На удалёнке вы всегда балансируете между доверием и наивностью. И этот баланс — вещь хрупкая.

Краткий разбор: частное лицо или компания?

Параметр	Частное лицо	Компания
Оплата	Часто без договора, по факту	По инвойсу, по графику, часто через бухгалтерию
Договор	Обычно устный или в переписке	Стандартный контракт или оффер
Задачи	Размытые, меняются по ходу	Конкретные, формализованные
Сроки	Гибкие, но часто срывные	Жёсткие, фиксированные
Налоги	Оплата часто как «подарок»	Через 1099 или W-9
Повторные заказы	Зависит от эмоций	Зависит от KPI и бизнес-пользы
Риски	Часто пропадают, без обязательств	Редко, особенно если компания на рынке давно
Рост ставки	Быстрее, если наладить контакт	Медленнее, но стабильнее

Когда лучше работать с физлицами?

- Вы только начинаете, и вам нужны отзывы, кейсы и быстрая обратная связь
- Вы работаете в креативной сфере (дизайн, тексты, консультации), где многое строится на личном контакте
- Вы готовы к гибкости и умеете быстро «вписываться» в хаос клиента

Но всегда подписывайте хотя бы простой договор — иначе велик риск, что «забыли заплатить» или «не понравилось, верните деньги».

Когда лучше работать с компаниями?

- У вас уже есть портфолио, вы умеете работать по процессу
- Вы хотите стабильный поток задач на месяцы вперёд
- Вы хотите оформлять налоги, вести учёт, строить долгосрочные отношения
- Вы работаете в B2B-направлениях (анализ, HR, юридические услуги, разработка)

Компании платят меньше, но платят долго. Частный клиент даст $300 один раз. Компания даст $1,200 каждый месяц — если вы себя хорошо зарекомендуете.

Как отличить надёжного клиента от не очень надежного?

- ✓ У него есть сайт, соцсети, публичные кейсы
- ✓ Он готов подписать контракт, NDA или хотя бы оффер.
- ✓ Он спрашивает ваш W-9 или EIN
- ✓ Он работает с таск-трекерами (Trello, Asana, Notion) и объясняет задачи структурно
- ✓ Он просит вас прислать инвойс, а не кидает оплату на Venmo / Zelle.

Полезность

Создайте две разные папки-шаблоны: «Физлицо» и «Компания». В первой — простой договор на одной странице, краткий бриф и шаблон переписки. Во второй — полноценный контракт, W-9, инвойс и оффер. Это сэкономит вам часы и поможет выглядеть профессионально с первых минут.

И ещё: всегда проверяйте клиента в Google + LinkedIn + BBB (для компаний в США). Если нет цифрового следа — это красный флаг.

Вы можете строить карьеру и с физлицами, и с компаниями. Но ключ — в ясности условий. Чем раньше вы начнёте оформлять договорённости, тем больше клиентов будут относиться к вам как к партнёру, а не как к фрилансеру «на сдачу».

Бесплатные материалы к этому разделу, которые вы можете найти на сайте Drimusary.com

- ➢ Простой договор с частным клиентом (на английском, 1 стр.)

Кому максимально подойдёт удалённая работа?

Мой дальний знакомый Илья — инженер из Беларуси, человек с принципами и чётким планом. Он переехал в США с уверенностью: будет искать только серьёзную работу — офис, стабильный график, медицинская страховка, официальная зарплата. Ему хотелось встроиться в систему, быть «как положено», с бумажками и чек-пейстабами. Он считал, что удалёнка — это временное фрилансерство, от безысходности, и точно не для него.

Первые недели он отправлял резюме, писал сопроводительные письма, проходил интервью. Прошёл месяц. Потом второй. Потом четвёртый. Результат — тишина или отказы. Без лицензии, без американского опыта и местных рекомендаций он оказался за бортом. Вакансии, на которые он раньше подходил идеально, теперь просто пролистывали мимо. А аренда, страховка, расходы на детей — всё это никуда не исчезло.

Через семь месяцев Илья признал очевидное: ждать больше невыносимо. Он зарегистрировался на Upwork, хотя поначалу чувствовал себя неловко. Он всё ещё думал, что «серьёзный инженер» не должен сидеть на бирже фриланса. Но он попробовал. Один проект, другой — сначала за $200, потом за $500. Через три недели у него уже было два постоянных клиента, стабильный доход около $1,500 в месяц и полное ощущение, что жизнь начала налаживаться.

Он сам выбирал, когда работать. Он мог забирать детей, быть рядом, когда это важно. Он снова чувствовал контроль. Уверенность. Уважение к себе. Его профессионализм оказался нужен — просто в другом формате.

Удалённая работа — это не компромисс и это не шаг назад. Это мост. Особенно для тех, кто начинает с нуля, у кого пока нет американского диплома или лицензии, кто не готов к офисной рутине, но готов работать. Это не запасной выход — это вполне реальный вход. И иногда — единственный, который открывается первым.

Кому удалёнка подходит идеально:

1. **Родителям маленьких детей**

Ясли стоят от $1,200 до $2,500 в месяц в зависимости от штата. Удалёнка позволяет зарабатывать, не отдавая половину дохода за няню или daycare.

 Пример: Антонина работает 4 часа в день, пока ребёнок спит и старший в школе. Доход — $1,800–2,200 в месяц.

2. **Тем, кто получает местное образование**

Удалёнка — идеальный вариант для студентов: можно работать 10–15 часов в неделю без конфликта с расписанием. А ещё — выстроить портфолио и получить локальных клиентов.

 Пример: Роман учился на IT-курсе в community college. Параллельно взял 3 проекта на Toptal и заработал $4,000 за семестр.

3. **Людям с ограниченными возможностями**

Офисная среда не всегда доступна физически. А удалёнка стирает этот барьер полностью.

 Пример: Оксана, не выходя из дома, ведёт бухгалтерию для 5 клиентов через QuickBooks и имеет стабильный доход $1,000+.

4. **Тем, кто умеет работать самостоятельно**

Удалёнка не для тех, кого надо «пинать». Если вы умеете организовывать своё время, фиксировать задачи и соблюдать сроки — это ваша территория силы.

 Пример: Тимур делает локализацию мобильных приложений. Один проект — 4 дня работы и $500. За месяц — 3–4 проекта, всё в удобное для него время.

Когда удалёнка не подойдёт?

- Человек не умеет планировать и держать слово
- Человек ждёт чёткого начальника и инструкций «по шагам»

- Человек не готов обучаться и адаптироваться
- Человек воспринимает фриланс как «нечто временное», а не как профессиональный формат

Полезность

Сделайте честную самооценку по пяти параметрам: дисциплина, коммуникация, самостоятельность, скорость, обучаемость. Поставьте себе баллы от 1 до 5. Если где-то меньше 3 — начните прокачку именно с этого навыка. Удалёнка требует самоменеджмента. Поищите в LinkedIn фразу «remote specialist» + вашу профессию. Вы удивитесь, сколько людей в США строят карьеру полностью на удалёнке — с высоким доходом и гибкостью.

Бесплатные материалы к этому разделу, которые вы можете найти на сайте Drimusary.com

➢ Чек-лист «Удалёнка и иммиграционный статус: что можно, что нельзя»

Что ещё важно знать?

 Аркадий начал работать удалённо ещё до переезда в США. Он делал сайты, логотипы, верстал страницы — с каждым месяцем заказов становилось всё больше. Доход вырос до $2,000 в месяц, и это при том, что он работал из дома в Алматы. Он чувствовал уверенность: если на родине получилось, то в Америке и подавно справится. И после переезда решил идти тем же путём — без перерывов, без раскачки. Он работал почти без выходных. Днём — встречи с клиентами, ночью — правки и дедлайны. Он хотел доказать, что может, что достоин Америки, что у него получится достичь Американской Мечты. Семья гордилась им, но общались они всё реже. Друзей почти не осталось. Через восемь месяцев он впервые признался себе: он выгорел. Заказчики начали исчезать. Появлялись ошибки, дедлайны срывались, и всё чаще он слышал в ответ: «Спасибо, но мы выбрали другого исполнителя».

Он не знал, что делать дальше. Деньги были — но стабильности не было. Всё держалось только на нём. Не было системы, помощников, чётких рамок. Был только он и его ноутбук. Рабочее время вплеталось в личное, личное — в рабочее, и никакой радости от свободы уже не оставалось до тех пор, пока он не решил нанять сам удаленного помощника для себя и выстроить систему делегирования задач.

Удалённая работа действительно даёт свободу. Но если вы не выстроите структуру — она легко может разрушить ваш ритм, ваши отношения, даже ваше здоровье. Без чётких границ и понимания того, куда вы идёте, удалёнка перестаёт быть благословением и становится ловушкой. Не потому, что формат плохой — а потому что вы не выстроили систему.

Удалёнка ≠ лёгкая подработка

Удалённая работа — это настоящая работа. Здесь тоже бывают дедлайны, выгорание, конфликты, споры о деньгах. Если относиться к ней как к временному способу «перебиться», вы так и останетесь в режиме выживания. Успешные удалёнщики строят систему: постоянные клиенты, расписание, бухгалтерия, шаблоны, повторяемые процессы.

Вам нужна структура

Нельзя просто «ждать задач». Нужно планировать:

- Рабочие часы (например, с 10:00 до 14:00 каждый день)
- Зоны концентрации (где нет детей и отвлечений)
- План недели (кто из клиентов приоритет, кто на паузе)
- Систему приёма новых клиентов (анкета-прайс-договор)

Если вы работаете с 4 разными клиентами и у каждого свой стиль общения, дедлайны и способы оплаты — будьте уверены: без системы всё развалится.

Вы будете расти медленно, но стабильно

Удалённая карьера строится не за 2 недели. Статистика:

- 80% фрилансеров получают первый платный заказ только через 3–5 недель
- Средний чек в первый месяц — $100–300
- На стабильные $2,000+/месяц выходят за 6–12 месяцев (при регулярной работе)

Вам не нужны 100 клиентов. Вам нужны 3–4, с которыми выстроены долгосрочные отношения. Они будут возвращаться, рекомендовать и повышать оплату.

Обратная связь — это топливо, а не критика

Если заказчик говорит: «Переделай» — это не провал. Это начало роста. Старайтесь не защищаться, а выяснять:

- Что именно не понравилось?
- Есть ли пример, как лучше?
- Что стоит сделать по-другому в будущем?

Лучшие клиенты — не те, кто хвалит, а те, кто честно говорит, как улучшить.

Не бойтесь повышать цену

Если вы работали за $100 в неделю, а теперь стали быстрее и лучше — не бойтесь сказать: «Через месяц мы поднимаем цену до $150». Уважение начинается с самооценки. Почти всегда клиенты соглашаются — особенно если вы это преподнесли корректно и с обоснованием.

Удалённая работа — это не запасной выход, а стратегический вход

Когда мы только оказались в США, перед нами не было красной ковровой дорожки. Не было сети знакомств, признанных дипломов, родного языка вокруг. Но был интернет, было желание, и был выбор: ждать, пока откроются двери «по-настоящему», или начать с того, что в наших руках прямо сейчас. Мы выбрали второе — и это стало решающим.

Удалённая работа оказалась не просто способом заработать, а системой, которая дала нам контроль, гибкость, устойчивость и — главное — опыт в американской реальности. Да, не всё сразу шло гладко. Мы сталкивались с неадекватными заказчиками, работали без контрактов и теряли деньги. Но каждый из этих провалов превращался в правило. И именно на ошибках мы выстроили систему, которую вы сейчас читаете в этой главе.

Вот что можно и нужно вынести из неё:

Удалёнка — не про формат, а про мышление

Вы можете работать из дома, с телефона, с кухни — но если у вас нет дисциплины, планирования и понимания, что вы строите карьеру, а не «перебиваетесь» — вы не двинетесь дальше. Как в нашей истории: пока мы относились к подработкам как к временному решению — результаты были случайны. Как только начали оформлять, считать, выстраивать процессы — начался рост.

Юридическая прозрачность = защита

Если вы работаете без EIN, без инвойсов и без понимания своих налоговых обязательств — вы закладываете бомбу замедленного действия под своё будущее. IRS, USCIS и банки не простят вам ваше: «я не знал». Мы это поняли не сразу — и потом долго расчищали последствия. Теперь мы делаем всё правильно — и чувствуем себя уверенно.

Клиенты платят не за «работу», а за удобство

Формат не важен — вы можете быть дизайнером, ассистентом, аналитиком. Главное — чтобы с вами было спокойно. Что вы понятны, что исполняете заказы вовремя, что вы адекватны. Вспомните свою первую работу в новой стране — как важно было найти того, кто просто отвечает вовремя и не требует микроменеджмента. Вот и вы станьте таким человеком для своих клиентов.

Физлица дадут старт, компании дадут масштаб

Мы прошли обе стадии. Сначала работали с частниками — гибко, но хаотично. Потом выстроили отношения с компаниями — медленнее, но надёжнее. Вам тоже не нужно выбирать навсегда — начните с доступного и двигайтесь в сторону стабильного. Главное — оформлять отношения, не работать в «серую» и сохранять коммуникацию в документах, а не в сообщениях.

Удалёнка — особенно сильный инструмент, когда у вас нет выбора

Маленький ребёнок, отсутствие машины или лицензии — всё это можно компенсировать удалёнкой. И мы это прожили. Мы работали с двумя малышами на руках, с временным адресом, без страховки, с Wi-Fi из кофейни. Это не жалоба, это доказательство: удалёнка реально работает, если системно к ней подойти.

Без структуры будет выгорание

Удалённая работа кажется «свободной», пока вы не начинаете утопать в дедлайнах, отменах, сбившихся встречах и ночных ответах. У нас это было — и мы чуть не потеряли ритм всей семьи. Пока не завели расписание, таск-трекеры, шаблоны и границы.

Удалёнка — это точка роста, а не тупик

Мы начали со $100 в неделю. Сейчас — это основа стабильного дохода, канал для выхода на новые рынки и уверенность в том, что мы не зависим от офиса, города или конкретного статуса. Это — мобильность, масштабируемость и независимость.

Удалённая работа не требует от вас идеальных условий. Она требует стратегии, аккуратности и уважения — к себе, к клиенту, к правилам. Это не временное решение, а точка входа в новую реальность, в которой вы уже не просите — вы предлагаете.

И в этой реальности вам есть что предложить.

Полезность

Составьте стратегию удалённой карьеры по модели 3Б

Блок	Вопрос	Пример ответа
База	Что вы уже умеете делать удалённо?	Я веду Instagram, знаю Excel, могу писать тексты
Безопас-ность	Всё ли оформлено юридически и налогово?	EIN, трекинг доходов, шаблон контракта
Будущее	Во что вы хотите вырасти за 6 месяцев?	Получить 2 постоянных клиента и выйти на $2,500/мес.

Полезность

Сделайте себе рабочий процесс из 3 элементов: «Утро → Обработка задач → Подведение итогов». Каждый день в одном и том же порядке. Это в 2 раза увеличивает продуктивность и снижает тревожность.

Заведите файл «Feedback & Lessons» — записывайте каждый случай, когда что-то пошло не так (или круто). Через 2–3 месяца вы увидите закономерности и сможете системно улучшать качество своей работы.

Бесплатные материалы к этому разделу, которые вы можете найти на сайте Drimusary.com

➢ Инструкция по увеличению ставки без потери клиента

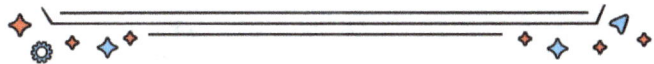

ГЛАВА 5

Краткая Глава 5. СИСТЕМА ОБРАЗОВАНИЯ В США

Когда я начал писать эту главу, мне хотелось дать вам всё и сразу. Я помню, как мы сами приехали в США — с детьми, дипломами и полной уверенность, что «разберёмся по ходу». Но оказалось, что даже базовые вещи вроде устройства школы или колледжа в Америке — это целый квест с кучей незнакомых правил, терминов и подводных камней. Поэтому я решил: в книге обязательно должна быть глава об образовании. Но, по мере написания, глава разрасталась как снежный ком. В ней было уже больше 40 страниц, десятки таблиц, историй, ссылок, шаблонов, инструкций… Она перестала быть просто главой — стала отдельным руководством. А ещё я понял — она требует обновлений. Ведь программы, гранты, сроки и даже визовые правила в сфере образования меняются. Чтобы дать вам актуальную и действительно полезную информацию, я принял решение: в этой книге будет только краткое описание, а вся глава выйдет в полной версии этой книги.

Я вырезал её из «мини» версии не ради выгоды, а отложил ради качества, чтобы вы получили не обрывки, а мощный и структурированный инструмент, который реально поможет вам и вашим детям встроиться в образовательную систему США и использовать её по максимуму.

Почему система образования США — это ваш личный проект?

Когда мы только приехали в США, я был уверен: у нас с женой высшее образование, академическая база, умение учиться — мы точно быстро разберёмся в школьной и вузовской системе. Но реальность оказалась совсем другой. Моей дочери было всего шесть лет, когда мы впервые столкнулись с американской школой. И, казалось бы, простая задача — определить, в какой класс её записать — обернулась целой цепочкой новых терминов, правил и непонятных решений: ESL, district boundary, early assessment, enrollment windows, vaccination records… В какой-то момент я понял: здесь не будет «воспитателя, который ведёт за руку». Если вы сами не поймёте, как работает эта система — она просто пойдёт мимо вас, оставив вашего ребёнка где-то на обочине. И это касается не только детей. Каждый иммигрант — взрослый, подросток, студент — тоже ученик. Только учёба здесь начинается не с алфавита, а с изучения самой системы.

Глава «Система образования в США» — это результат сотен часов моего личного опыта, десятков консультаций, ошибок, слёз, побед и систематизации всего, что должен знать иммигрант: от детского сада до колледжа. Это не просто теория — это карта выживания, роста и успеха в самой сложной и самой полной образовательной системе мира.

Почему стоит купить полную версию книги и прочитать эту главу полностью?

Если вы:

- Переезжаете в США с детьми и не хотите, чтобы они оказались «не в той школе»
- Хотите избежать тысячи долларов лишних трат на «не те колледжи»
- Планируете учиться сами, но боитесь «запутаться в визах, грантах и курсах»
- Думаете, что «ещё успеете разобраться»
- Или просто хотите понять, спланировать и сэкономить годы и десятки тысяч долларов — эта глава для вас.

В полной версии вы получите:

✓ Полный обзор всех уровней образования в США — от Pre-K до вузов и переобучения в 50+ лет
✓ Конкретные рекомендации и чек-листы: как выбрать школу, записаться в сад, получить грант, пройти SAT, не нарушить студенческий статус
✓ Сравнения с постсоветской системой, чтобы вы быстро поняли, где риски
✓ Списки сайтов, ресурсов, таблицы, инструкции и шаблоны писем — всё, что экономит время
✓ Конкретные истории иммигрантов, чтобы вы узнали себя и избежали их ошибок

✓ Полезности: где найти бесплатные курсы английского, как сэкономить $100,000 на обучении, какие колледжи дают стипендии без гражданства

Эта глава — не про школу, а про ваше будущее

Если вы хотите не просто выжить, а дать себе и детям сильный старт в Америке — эта глава станет вашим проводником. Читайте эту главу в полной версии этой книги. Начните с одного шага — и дайте себе фору в несколько лет.

Узнать статус готовности полной версии книги и подписаться на уведомления можно на сайте **drimusary.com**

Каким будет содержание Главы 5?

Общая структура образования в США
- История Татьяны: шок от американской школы
- Уровни образования в США
- Стандартный путь ученика
- Что нужно знать об американских школах?
- Сравнение с постсоветской системой
- Секретная крутая полезность
- Приложение: чек-лист определения grade

Высшее образование: колледжи и университеты
- История Лейлы: долги и обман
- Типы учебных заведений и степеней
- Как сэкономить до $100,000?
- Пошаговый процесс поступления
- Особенности для иммигрантов
- Секретная крутая полезность
- Приложения: чек-лист, образец письма

Дошкольное образование (Pre-K и Kindergarten)
- История семьи Андрея: цена пропущенного Pre-K
- Как устроено дошкольное образование?
- Виды Pre-K: платно, бесплатно, по доходу
- Kindergarten: важность и особенности
- Что изучают в Pre-K и Kindergarten?
- Частые ошибки иммигрантов
- Секретная крутая полезность

Внимание! Данное содержание является приблизительным и может быть скорректировано автором без дополнительного уведомления.

Краткая Глава 6. ГОСУДАРСТВЕННАЯ ПОМОЩЬ НА ОБРАЗОВАНИЕ В США

После того как вы поняли, как устроена система образования в США, логичный следующий шаг — узнать, кто и как может её себе позволить. Многие иммигранты уверены, что без гражданства и денег образование в Америке — недостижимая мечта. Я тоже так думал, пока сам не прошёл путь от бесплатных ESL-курсов до юридической магистратуры в США — почти без собственных вложений, благодаря грантам, программам Work-Study и помощи от штата.

В этой главе вы узнаете:

- ✓ Как получить до $14,000 гранта от штата — даже без SSN
- ✓ Как оформить FAFSA, если вы не гражданин, и какие альтернативы есть
- ✓ Какие программы доступны для тех, кто в статусе TPS, DACA, asylum pending или по гуманитарному паролю
- ✓ Как не совершить ошибки, которые уже стоили другим студентам десятков тысяч долларов
- ✓ Как работать в колледже, получать стабильную зарплату, не теряя права на помощь
- ✓ Что делать, если вам отказали — и как всё равно получить поддержку

Каждая история в этой главе — это реальный человек, которому либо удалось найти помощь, либо — увы — не хватило информации. Я собрал для вас шаблоны писем, таблицы дедлайнов, пошаговые инструкции и ссылки на ресурсы, которые помогут сэкономить время, деньги и нервы. Если вы только что приехали в США, и думаете, что образование — «не для вас» или «потом» — прочитайте эту главу. Потому что помощь в Америке не дадут в руки — помощь нужно взять самому, и я покажу, как это сделать правильно.

Узнать статус готовности полной версии книги и подписаться на уведомления можно на сайте **drimusary.com**

Каким будет содержание полной Главы 6?

 Введение: почему помощь существует даже без гражданства
- История: как $14,000 гранта пришли... после окончания колледжа

- Почему иммигрантам часто отказывают — и как не попасть в эту ловушку?
- Ошибки незнания и как их избежать
- Секретная крутая полезность
- Приложение: список всех форм помощи по типам статуса

Кто имеет право на помощь и как это доказать
- История Алены: потеряла шанс из-за слуха
- Категории иммигрантов: кто получает, кто нет?
- Как колледжи принимают решения?
- Секретная крутая полезность
- Приложение: таблица «FAFSA — кто имеет право, и что можно получить»

Federal Pell Grant
- История Рикардо: $20,000 долга вместо гранта
- Что это такое и кто может получить?
- Как получить даже частично?
- Секретная крутая полезность
- Приложения: образец письма в колледж + таблица сравнения грантов

Federal Work-Study: легальная подработка во время учёбы
- История: $1,200 в месяц — и никакого стресса
- Как устроиться, что нужно знать?
- Преимущества перед обычной работой
- Секретная крутая полезность
- Приложение: список типовых вакансий + образец резюме

FSEOG — как получить дополнительный грант
- История Лены: не спросила — не получила
- Что это за грант и кто даёт?
- Сроки, суммы, стратегия
- Секретная крутая полезность
- Приложение: чек-лист действий в первые 7 дней после FAFSA

Federal Student Loans: брать или не брать?
- История Майкла: 32,000 долга из-за невнимательности

- Разница между субсидированными и несубсидированными
- Как не попасть в долговую яму?
- Секретная крутая полезность

Приложения: чек-лист «Что учесть перед оформлением займа»

Помощь от штатов: шанс даже без FAFSA

- Истории по штатам: California, New York, Illinois, Washington
- Программы Cal Grant, TAP, MAP, WCG и др.
- Кто может подать и что важно успеть?
- Секретная крутая полезность
- Приложения: таблица по 4 штатам + ссылки на формы

Как заполнить FAFSA, если вы иммигрант

- История: как я подавал без SSN
- Пошаговая инструкция с пояснениями
- Где подводные камни?
- Секретная крутая полезность
- Приложения: шпаргалка FAFSA + образец письма при нестандартном статусе

Как доказать независимость от родителей

- История Давида: потерянный семестр из-за неправильной галочки
- Кто считается независимым?
- Какие документы подать?
- Секретная крутая полезность
- Приложение: образец письма для override

Специфика для DACA, TPS, гуманитарных статусов и pending asylum

- История Марио: «Мне не положено» — оказалось, положено
- Где и как искать альтернативную помощь?
- Что открывает подача FAFSA даже при отказе?
- Секретная крутая полезность
- Приложения: список фондов + шаблон запроса на помощь при нестабильном статусе

Внимание! Данное содержание является приблизительным и может быть скорректировано автором без дополнительного уведомления.

Краткая Глава 7. СТРАХОВАНИЕ В США: КАК ЗАЩИТИТЬ СЕБЯ И НЕ ПОПАСТЬ НА $100,000?

 Когда мы только приехали в США, я считал себя осторожным человеком. Мы арендовали жильё, купили подержанную машину, оформили медстраховку через Marketplace — просто потому что «так принято». А потом случилось два удара подряд: сначала — ДТП с прицепом, который снёс мне передний бампер, потом — экстренная операция на $45,000. И оба раза я не заплатил ни цента только потому, что оформил страховку заранее. Тогда я впервые понял: в Америке страхование — это не «дополнительная опция», а система безопасности, без которой ваша эмиграция может закончиться финансовым крахом.

Пока я работал над этой главой, передо мной всплывали десятки историй: пожары, травмы, иски, аварии, долги. Кто-то терял деньги из-за одного лопнувшего зуба. Кто-то десятилетиями выплачивал компенсацию травмированному ребенку, случайно сбитому велосипедом. А кто-то спасался от банкротства за $22 в месяц. Эти истории — не страшилки. Это реальность для иммигрантов, не знакомых с американской системой.

Глава «Страхование в США» — это подробное, живое и простое руководство, написанное не со слов заинтересованных страховых агентов, а на реальных примерах. Здесь вы найдёте всё: от медицинской страховки до страхования жизни, бизнеса, поездок и ответственности. Без сложных терминов, без навязчивых продаж, но с честным анализом рисков, сумм и типичных ошибок.

Почему стоит прочитать полную главу?

Если вы:

- Думаете, что «всё обойдётся» и страхование — это для богатых
- Не понимаете разницу между PPO, HMO, Deductible и Copay
- Планируете открыть бизнес, купить дом или просто ездить с детьми
- Или уже столкнулись с системой и не хотите платить из своего кармана,

то эта глава для вас.

В полной версии вы получите:

✓ Подробное объяснение всех видов страхования: от медстраховки до umbrella
✓ Сравнение тарифов, условий, франшиз и реальных сумм выплат
✓ Истории, которые учат лучше любой лекции
✓ Чек-листы, калькуляторы, таблицы и шаблоны писем
✓ Советы, как выбрать страховую и не попасться на фейковый полис
✓ А главное — чувство уверенности, что вы под защитой

Страхование — это не о бумажках. Это о том, чтобы не потерять всё из-за одной ошибки. В полной версии книги вы получите не просто информацию — вы получите систему защиты.

Узнать статус готовности полной версии книги и подписаться на уведомления можно на сайте **drimusary.com**

Каким будет содержание полной Главы 7?

Зачем нужно страхование вообще
- История: два удара подряд и никакой катастрофы
- Почему страхование в США — не опция, а защита?
- Как работает система страхования?
- Что бывает, если страховки нет?
- Секретная крутая полезность
- Приложение: памятка о типах страхования в США

Медицинское страхование (Health Insurance)
- История Эдгара: $62,000 за панкреатит
- Основные виды планов: HMO, PPO, EPO
- Как оформить страховку: Marketplace, Medicaid, CHIP?
- Как работает система выплат: premium, deductible, out-of-pocket?
- Частые ошибки новичков
- Секретная крутая полезность
- Приложения: таблица сравнения + шаблоны

Стоматологическое и офтальмологическое страхование
- История Аркадия: зуб за $2,480

- Что покрывает dental и vision insurance?
- Где купить и как выбрать?
- Особенности детского покрытия
- Секретная крутая полезность
- Приложения: калькулятор + шаблоны запросов

Страхование жизни (Life Insurance)
- История Сергея: без страховки — без будущего
- Виды: term, whole, indexed
- Сколько нужно и как выбрать?
- Где купить и кому особенно важно?
- Секретная крутая полезность
- Приложения: калькулятор покрытия + форма анализа нужд

Страхование жилья (Homeowners & Renters Insurance)
- История: пожар и полная потеря
- Что покрывает каждая страховка?
- Как оформить и на что обратить внимание?
- Обязательные и дополнительные опции
- Секретная крутая полезность
- Приложения: список ценных вещей + сравнение покрытий

Автострахование (Auto Insurance)
- История Игоря: $74,000 из-за экономии
- Обязательные и дополнительные виды покрытий
- Как снизить цену и не потерять в защите?
- Что бывает, если ездить без страховки?
- Секретная крутая полезность
- Приложения: таблица покрытий + памятка при ДТП

Страхование бизнеса (Business Insurance)
- История Михаила: один иск — и конец мастерской
- Основные виды: General, E&O, Commercial Auto, Workers' Comp
- Как выбрать нужные полисы?
- Где оформить
- Секретная крутая полезность
- Приложения: чек-лист для малого бизнеса

Страхование ответственности (Umbrella Insurance)
- История Андрея: $540,000 покрыла umbrella
- Что такое umbrella и зачем она нужна?
- Что покрывает, а что нет?
- Кто должен оформить в первую очередь?

- Секретная крутая полезность
- Приложения: таблица покрытий + чек-лист

Страхование от инвалидности и потери дохода (Disability Insurance)
- История Алексея: 6 месяцев без зарплаты
- Short-Term и Long-Term Disability
- Где оформить и на что обратить внимание?
- Сколько стоит и кому критично?
- Секретная крутая полезность
- Приложения: таблица сравнения + own occupation test

Страхование поездок и международных рисков (Travel Insurance)
- История Олега: отпуск на $118,000
- Что покрывают travel-полисы?
- Как выбрать и где оформить?
- Особенности для поездок в СНГ
- Секретная крутая полезность
- Приложения: таблица полисов + шаблон для родственников

Как выбрать страховую и не попасться на мошенников
- История Марии: $5 в месяц, которые стоили тысячи
- Как проверить компанию?
- Красные флаги и советы
- Где искать агентов с языковой поддержкой?
- Секретная крутая полезность
- Приложения: инструкция проверки + жалоба в департамент

Полезные ресурсы и калькуляторы
- История Жени: «дорогая» страховка, которая сэкономила $4,000
- Лучшие сайты и инструменты по всем видам страховки
- Примеры, как сравнивать не только цены, но и реальные риски?
- Секретная крутая полезность
- Приложения: каталог ресурсов и калькуляторов

Внимание! Данное содержание является приблизительным и может быть скорректировано автором без дополнительного уведомления.

Краткая Глава 8. ПРАВОВАЯ И СУДЕБНАЯ СИСТЕМА США

Почему вам стоит понять, как работает закон — прежде чем он коснётся вас?

 Когда мы приехали в США, я знал, что рано или поздно вернусь к юриспруденции. Но я и представить не мог, насколько иначе здесь устроена правовая система. То, что казалось привычным — суд, адвокат, полиция — оказалось новым лабиринтом. Даже я, с высшим юридическим образованием и опытом работы, делал ошибки: путал суды, не сразу понимал, кто есть кто, и где проходят границы между гражданским делом и уголовным. Я видел, как мои друзья — инженеры, строители, продавцы, няни — оказывались в беде просто потому, что не понимали, как работает правовая система.

В США правовая и судебная система — это не факультатив. Это фундамент жизни, потому что любой штраф, повестка, спор с арендодателем, конфликт на работе, даже вопрос об иммиграционном статусе — это уже поле, на котором действуют законы, и действуют жёстко. Здесь незнание не освобождает (как и везде). Здесь промедление — это поражение.

Поэтому я решил посвятить отдельную главу этой теме. Но, как и с главой об образовании, она быстро вышла за рамки разумных пределов. Сотни страниц, десятки историй, объяснений, таблиц, памяток, пошаговых инструкций. Чтобы сохранить качество, я оставил в этой книге только краткий обзор, а полную, мощную и постоянно обновляемую версию вы сможете найти в полной версии этой книги.

Почему стоит прочитать полную версию главы о праве?

Если вы:

- Хотите понимать, как устроен суд в США — чтобы не оказаться в нём случайно
- Боитесь получить повестку и не знать, что делать
- Участвуете в иммиграционном процессе и не хотите допустить фатальную ошибку
- Не уверены, когда нужен адвокат, а когда можно справиться самому
- Или просто хотите научиться защищать себя и своих близких — эта глава для вас.

В полной версии вы получите:

✓ Простое и понятное объяснение американской правовой системы — как для тех, кто впервые в жизни входит в суд

✓ Пошаговые инструкции: от получения штрафа до подачи апелляции

✓ Чёткое разделение: уголовное, гражданское, иммиграционное право — что значит каждое, и как действовать

✓ Инструкции: как отличить федеральный суд от суда штата, как подготовиться к Individual Hearing, как искать бесплатного адвоката

✓ Глоссарий юридических терминов, переведённых с английского

✓ Истории иммигрантов — реальные ошибки, реальные победы, реальные уроки

✓ Полезности: фразы, которые надо говорить в суде, при задержании, на допросе. Шаблоны обращений. Списки организаций, которые действительно помогают.

Если вы хотите не бояться закона, а уметь им пользоваться — начните с этой главы.

Узнать статус готовности полной версии книги и подписаться на уведомления можно на сайте **drimusary.com**

Каким будет содержание полной Главы 8?

Общие принципы права в США

- История Василия: проиграл суд из-за непонимания

- Федеральные и штатные законы
- Прецедентное право и его значение
- Конституция и её защита
- Система сдержек и противовесов
- Секретная крутая полезность
- Приложение: глоссарий терминов common law на русском

Уровни судов в США
- История Алмаза: подал в неправильный суд
- Разница между федеральными и штатными судами
- Специализированные суды: налоговые, военные, по банкротству
- Структура судов в штате Вашингтон
- Иммиграционные суды — особая система
- Секретная крутая полезность
- Приложение: карта судов и где искать информацию по своему делу

Уголовное и гражданское право
- История Светланы: гражданское дело приняла за уголовное
- Основные различия: кто подаёт, цели, последствия
- Стандарты доказательств: beyond a reasonable doubt vs. preponderance
- Как не спутать и как действовать?
- Секретная крутая полезность
- Приложения: таблица различий, памятка для иммигранта

Основные участники судебного процесса
- История Рамиза: перепутал прокурора с защитником
- Кто есть кто: судья, присяжные, прокурор, адвокат?
- Права и обязанности сторон
- Секретная крутая полезность
- Приложение: памятка «Что делать, если вы впервые в суде»

Права обвиняемых и участников процессов
- История Людмилы: подписала признание, не понимая смысла
- Ваши ключевые права: молчание, адвокат, переводчик, due process
- Что нельзя делать властям?
- Секретная крутая полезность
- Приложения: карточка прав, чеклист при задержании, контакты ACLU и других

Иммигрант и закон
- История Хуана: сам себя сдал ICE
- Права даже без статуса
- Что делать, если пришли домой, на работу, в суд?
- Как не подписать себе депортацию?
- Секретная крутая полезность

212

- Приложения: сравнение ордеров (judicial vs. administrative), памятка иммигранта

Судебный процесс на практике
- История семьи Арслановых: пропустили Master Hearing
- Как начинается дело и как идёт процесс?
- Что происходит на каждом этапе: от повестки до приговора?
- Deadlines, документы, стратегии
- Секретная крутая полезность
- Приложения: чеклист подготовки к Individual Hearing, журнал дела

Правовая помощь и доступ к юристам
- История Гульнары: заплатила «юристу», который сбежал
- Когда положен бесплатный адвокат?
- Где искать помощь и как проверить лицензию?
- Как отличить мошенника от профессионала?
- Секретная крутая полезность
- Приложения: инструкция подготовки к разговору с адвокатом, список ресурсов

Суд глазами иммигрантов
- История Али: получил убежище сам
- История Марии: не пошла в суд — осталась на улице
- Суд — не враг, а инструмент
- Реальные кейсы: трудовые, полицейские, апелляции
- Секретная крутая полезность
- Приложения: гайд «как подготовиться к суду самостоятельно»

Вывод
- Почему незнание закона — это не только риск, но и упущенная возможность?
- Как сделать суд союзником?
- Секретная крутая полезность
- Приложения: список ключевых принципов и напоминаний для жизни в США

Внимание! Данное содержание является приблизительным и может быть скорректировано автором без дополнительного уведомления.

Краткая Глава 9. КАК САМОСТОЯТЕЛЬНО ЗАЩИЩАТЬ СВОИ ПРАВА В СУДАХ США

 Когда я начал писать эту главу, я хотел просто рассказать, как подать иск. Но быстро понял: это не просто и не только про бумажки. Это про страх, уверенность, ошибки, уважение — и про силу быть услышанным. Иммигрантам часто кажется, что суд — это чужая территория, где без адвоката делать нечего. Но это не так. Американский Суд — это не место только для избранных. Это инструмент, который может использовать каждый, даже если у вас акцент и даже если вы не юрист. Даже если вы боитесь.

В какой-то момент эта глава перестала быть просто инструкцией. Она превратилась в справочник — с историями, шаблонами, пошаговыми гидами и предупреждениями. Она охватывает всё: от мелких исков до апелляций, от подачи до исполнения решения. Это реальное руководство, которое уже помогло десяткам моих знакомых — и, я уверен, поможет вам.

Чтобы сохранить ценность и актуальность, я решил: в этой книге будет только краткое описание, а вся глава выйдет в полной версии. Там будет всё — чтобы вы могли защищать себя по-настоящему.

Почему стоит прочитать полную версию главы и книги?

Если вы:

- Хотите вернуть депозит, зарплату или деньги за не оказанную услугу
- Получили повестку в суд, и не знаете, что делать
- Думаете, что без адвоката в суд не стоит соваться
- Боитесь, что сделаете ошибку и проиграете
- Или просто хотите знать, как работает суд в США — эта глава для вас.

В полной версии вы получите:

 ✓ Пошаговые инструкции: как подать иск, как подать ответ, как вести себя на слушании

- ✓ Чек-листы, шаблоны заявлений, исков, ходатайств и доказательств
- ✓ Советы, когда идти в суд без адвоката — и когда это опасно
- ✓ Истории иммигрантов, которые сами выиграли дела
- ✓ Список бесплатных ресурсов, Legal Aid, и глоссарий терминов
- ✓ Инструкции по исполнению решения суда и подаче апелляции

Это не просто глава о законах. Это ваша броня. Если вы хотите не бояться, а знать, как защитить себя в любой ситуации — эта глава даст вам эту силу.

Узнать статус готовности полной версии книги и подписаться на уведомления можно на сайте **drimusary.com**

Каким будет содержание полной Главы 9?

 Введение
-     История с депозитом и отказом в заселении
-     Что такое суд в США: реальность, а не миф?
- Почему важно знать правила, даже без адвоката?
- Секретная крутая полезность
- Приложение: чек-лист «Когда можно без адвоката»

Можно ли вообще без адвоката?
- История Виктора: $3,200 и поражение по форме
- Где можно защищать себя самостоятельно (Small Claims, Traffic, Family, Housing Court)?
- Когда адвокат обязателен (иммиграция, уголовка, крупные дела)?
- Как суд относится к self-represented сторонам?
- Секретная крутая полезность
- Приложение: шаблон «Answer» и Motion to Dismiss

Как понять, какой суд вам нужен
- История Аркадия: иск в Верховный суд США за $137
- Разница между судами штата и федеральными?
- Trial, Appellate и Supreme Court — кто чем занимается?
- Специализированные суды и их юрисдикция
- Секретная крутая полезность
- Приложения: таблица юрисдикций + глоссарий судов

Как подать иск самостоятельно
- История Татьяны: растерянность в Clerks Office
- Пошаговый процесс подачи: формы, пошлины, уведомление
- Где найти формы и помощь?
- Кто может вручать и как доказать вручение?
- Секретная крутая полезность
- Приложения: шаблоны Complaint, Summons, Fee Waiver

Как защищаться, если на вас подали в суд
- История Николая: проигрыш за $4,800 без ответа
- Ответ на иск, Motion to Dismiss, Counterclaim
- Как не пропустить сроки и не проиграть автоматически?
- Секретная крутая полезность
- Приложения: шаблоны «Answer», чеклист действий

Подготовка к слушанию
- История Алексея: скриншоты ≠ доказательства
- Что является допустимыми доказательствами?
- Как оформлять документы и Exhibits?
- Секретная крутая полезность
- Приложения: шаблон Declaration, список Exhibits

Судебное заседание
- История Владимира: эмоции против порядка
- Как вести себя в суде, что говорить, как оспаривать доводы
- Правила поведения, вопросы и юридический язык
- Секретная крутая полезность
- Приложения: сценарий слушания, фразы, чеклист поведения

После решения суда
- История Галины: выиграть ≠ получить деньги
- Что делать после победы или поражения?
- Writ of Garnishment, Lien, Appeal
- Секретная крутая полезность
- Приложения: шаблоны апелляций, запросов, чеклист исполнения

Бесплатная помощь и шаблоны
- История Давида: увольнение и Legal Aid
- Где искать Legal Aid, Self-Help, библиотеки при судах?
- Список шаблонов и что с ними делать
- Секретная крутая полезность

- Приложения: Complaint, Motion, Declaration, Fee Waiver

Ошибки, которых стоит избегать
- История Анатолия: проигрыш без боя
- ТОП-ошибок: не пришёл, признал вину, не сохранил документы
- Как не попасть впросак технически?
- Секретная крутая полезность
- Приложения: чеклист дедлайнов, Motion to Set Aside

Истории иммигрантов, которые отстояли свои права
- История Артёма: $1,620 без контракта — через суд
- История Ирины: проигрыш из-за отсутствия доказательств
- Что объединяет тех, кто выигрывает?
- Секретная крутая полезность
- Приложения: шаблоны выступлений, памятка «что не делать»

Заключение
- Суд — это дверь, которую вы имеете право открыть
- Почему иммигранты могут — и должны — защищать себя
- Финальное напутствие: не бойся, не молчи, действуй
- Приложение: мотивационная памятка + ссылка на бесплатные ресурсы

Внимание! Данное содержание является приблизительным и может быть скорректировано автором без дополнительного уведомления.

Краткая Глава 10. РАЗРЕШЕНИЕ КОНФЛИКТНЫХ СИТУАЦИЙ В США

 Когда мы только приехали в США, я думал, что достаточно быть вежливым, соблюдать правила и помогать соседям — и конфликты нас обойдут стороной. Но оказалось, что даже в благополучных районах, даже при тихой жизни, вы можете столкнуться с шумом, хамством, дискриминацией, травлей или нарушением ваших прав — в школе, на работе, в медицине, в арендованном жилье.

Поначалу кажется: «Ну, потерплю. Само наладится». Потом приходит бессилие. А потом — понимание: если ты не знаешь, как защищать себя по-американски, ты либо сломаешься, либо сдашься.

Эта глава родилась из моего личного опыта: десять месяцев я боролся с шумными соседями, изучал законы, фиксировал доказательства, писал грамотные жалобы, вызывал полицию, вступал в диалог — и добился результата. Я понял: в США не тот побеждает, кто громче, а тот, кто действует спокойно, юридически грамотно и поэтапно.

Чтобы сохранить нервы, сон и достоинство — нужно не просто знать свои права, а понимать, как ими пользоваться. Поэтому эта глава — не про теорию конфликтов.

Она — пошаговая инструкция:
- Что делать, если сосед шумит или курит под вашим балконом
- Как реагировать, если начальник намекает на ваш акцент
- Куда обращаться, если ребёнка травят в школе
- Как подать жалобу в Small Claims Court или EEOC
- Как выглядит правильная претензия и почему агрессия играет против вас
- Что такое медиация и почему это мощный инструмент
- Какие шаблоны использовать, чтобы выиграть спор до суда

Здесь — десятки реальных историй иммигрантов, которые отстояли свои права. Чтобы вы не повторяли их ошибок, я собрал шаблоны жалоб, таблицы фиксации нарушений, списки организаций, сроки подачи и полезности "здесь и сейчас".

Почему стоит прочитать эту главу полностью в полной версии книги?

Если вы:

- Столкнулись с шумом, хамством, дискриминацией, невыплатой зарплаты или травлей
- Не знаете, как подать жалобу и кому
- Не хотите срываться, но хотите защитить себя и свою семью
- Хотите действовать «по-американски» — разумно, твёрдо и грамотно

Тогда эта глава даст вам не только знания, но и уверенность.

В полной версии вы получите:

- ✓ Множество шаблонов жалоб: от управляющей компании до суда
- ✓ Алгоритмы действий в 5 типах конфликтов
- ✓ Таблицы: как фиксировать нарушения, куда жаловаться, сроки и адреса
- ✓ Примеры фраз на английском для писем, разговоров и заявлений
- ✓ Истории побед иммигрантов, чтобы вы поняли: у вас тоже получится

Эта глава — про уважение к себе. Про то, как не стать жертвой, и как даже без адвоката, но с холодной головой, вы можете выиграть.

Узнать статус готовности полной версии книги и подписаться на уведомления можно на сайте **drimusary.com**

Каким будет содержание полной Главы 10?

Почему конфликты — это не про эмоции, а про систему
- История из Такомы: 10 месяцев борьбы с шумными соседями
- Почему в США нужно действовать письменно, а не "по-нашему"?

- Что считать конфликтом и как не дать себя спровоцировать?
- Секретная крутая полезность
- Приложение: шаблон «Я фиксирую ситуацию»

Бытовые конфликты
- История Ильи: проиграл из-за молчания
- Шум, парковка, курение, животные, запахи
- Как действовать: правила проживания, нормы шума, жалобы?
- Частые ошибки иммигрантов
- Секретная крутая полезность
- Приложение: чек-лист по аренде и нормам шума

Трудовые конфликты
- История Артура: переработки, увольнение и дискриминация
- Что считается нарушением: невыплаты, харассмент, угрозы?
- Куда жаловаться: HR, L&I, EEOC, OSHA?
- Как собирать доказательства?
- Секретная крутая полезность
- Приложения: журнал инцидентов, шаблон жалобы, контакты EEOC

Конфликты в школах и медицине
- История Натальи: вспышка — и увольнение
- Что делать, если ребёнка травят или врач хамит?
- Право на переводчика, жалобы в OCR
- Как вести себя официально и не проиграть?
- Секретная крутая полезность
- Приложения: шаблоны писем в школу, клинику и OCR

Общественные конфликты и дискриминация
- История Алины: $8,000 компенсации за дискриминацию
- Hate speech, дискриминация в магазинах, транспорте
- Как снимать на видео и писать жалобу?
- Когда подключать полицию или Civil Rights Office?
- Секретная крутая полезность
    - Приложение: таблица «что считается hate incident»

Психология конфликта в США
- Почему агрессия = поражение
- Как «американцы жалуются», и почему это эффективно?
- Язык спокойствия: фразы, которые работают
- Секретная крутая полезность

- Приложения: «эмоции vs. факты», шаблон вежливой жалобы

Small Claims Court
- История Максима: мог вернуть $900 — но не знал как
- Как подать иск до $10,000 без адвоката?
- Пошаговый процесс, сроки, документы
- Как выиграть дело самому?
- Секретная крутая полезность
- Приложения: форма иска, доказательства, структура выступления

Бесплатная помощь и шаблоны
- История Тимура: один шаблон — и зарплата выплачена
- Где найти Legal Aid, медиаторов и помощников?
- Как использовать шаблоны: быстро, грамотно, без паники?
- Секретная крутая полезность
- Приложения: ссылки на организации + готовые шаблоны

Ошибки, которых стоит избегать
- История Жоры: был прав, но поступил по-русски — и проиграл
- ТОП-5 ошибок в конфликтах
- Запрет на записи, агрессию и «устные договорённости»
- Как не испортить себе кейс?
- Секретная крутая полезность
- Приложение: таблица сроков жалоб и разрешённых действий по штатам

Истории иммигрантов, которые отстояли свои права
- Марат, Алина и другие: как им удалось
- Что сработало, что не сработало?
- Какие выводы можно сделать?
- Секретная крутая полезность
- Приложения: шаблоны на основе реальных дел

Заключение: конфликты — это возможность, если действовать правильно
- Что нужно запомнить?
- Как не бояться конфликтов и стать сильнее?
- Чек-лист действий при любой проблеме
- Приложения: шаблоны, ссылки, инструкции

Внимание! Данное содержание является приблизительным и может быть скорректировано автором без дополнительного уведомления.

Краткая Глава 11. БИЗНЕС В США

 Когда я начал писать эту главу, мне казалось, что она получится небольшой. Всего-то — объяснить, как открыть бизнес, выбрать форму, платить налоги... Но, как и всё в Америке, здесь за простыми словами скрывается целый мир. Я вспоминал десятки историй — своих клиентов, друзей, подписчиков, — и видел одну и ту же ошибку: они начинали бизнес, не зная системы. Кто-то терял деньги, кто-то — клиентов, а кто-то — возможность легализоваться.

Так родилась эта глава — не просто как инструкция, а как настоящий путеводитель по миру американского бизнеса. Здесь — всё, что должен знать иммигрант, который хочет начать работать на себя: от первого клиента до бренда, сайта, лицензий, налогов, команд и даже масштабирования. С реальными историями, шаблонами, советами и подводными камнями.

Но глава получилась слишком объёмной, чтобы войти в «мини»-версию книги. Поэтому я оставил здесь только введение и ключевые ориентиры, а полный гид по запуску, защите и росту бизнеса в США вы найдёте во полной версии книги.

Бизнес в США — это не про масштаб, а про защиту

История Сергея из Флориды — это история одного из тысяч талантливых, но неоформленных иммигрантов. Он умел делать всё руками, клиенты его любили, но... у него не было бизнеса. Один крупный клиент «кинул» его на $18,000, и он ничего не смог доказать: не было контракта, компании, счета, — ничего. Так талантливый человек оказался никем в глазах закона.

В США бизнес — это не роскошь, а базовая защита. Если вы не оформлены — вы просто «частное лицо». А значит, кредиторы и контрагенты могут забрать у вас все личное имущество в счет уплаты долга.

222

Почему стоит прочитать полную версию этой главы?

Если вы:

- Хотите зарабатывать на своём навыке, а не работать «на кэше»
- Боитесь начинать бизнес без SSN, грин-карты или сильного английского
- Хотите избежать ошибок с налогами, лицензиями или клиентами
- Рассматриваете бизнес как путь к иммиграции (через L-1, E-2, EB-2 NIW)
- Или просто хотите работать на себя, безопасно и с перспективой роста — эта глава для вас.

В полной версии вы получите:

✓ Пошаговую инструкцию, как открыть бизнес в США — даже без статуса
✓ Разбор форм: LLC, Sole Proprietor, Corporation, ITIN-бизнесы
✓ Как платить налоги, не попасть под аудит и не переплатить
✓ Как продвигать бизнес: сайты, соцсети, реклама, отзывы
✓ Как работать с клиентами и защищать себя контрактами
✓ Как получить лицензии, гранты, финансирование
✓ Как строить команду, нанимать, платить легально
✓ Как масштабироваться: онлайн-продукты, франшизы, автоматизация
✓ И главное — как не выгореть и остаться в балансе

Эта глава — не про скучную бухгалтерию, а про свободу вести свой бизнес и про возможности открыть бизнес не когда станет страшно, а когда вы готовы взять жизнь в свои руки.

Узнать статус готовности полной версии книги и подписаться на уведомления можно на сайте **drimusary.com**

Каким будет содержание полной Главы 11?

 Базовые бизнес-вопросы

- Зачем открывать бизнес в США и кому это подходит?
- С чего начать: поиск идеи, анализ ниши, первые шаги?
- Как строить бизнес, если у вас плохой английский?
- Легко ли открыть бизнес без SSN, грин-карты или статуса?

Юридическая структура и регистрация

- Выбор формы бизнеса: LLC, Sole Proprietor, Corporation, S-Corp
- Регистрация бизнеса: пошаговая инструкция по штатам
- Получение EIN, DUNS и регистрация в IRS
- Как открыть бизнес на ITIN и можно ли это сделать легально?
- Как выбрать Registered Agent и нужен ли он вам?

Финансовые основы и налоговая безопасность

- Как открыть бизнес-счёт в банке, если вы иммигрант?
- Как принимать платежи: Zelle, Stripe, PayPal, merchant-счета?
- Как разделить личные и бизнес-финансы правильно?
- Бухгалтерия и учёт: QuickBooks, Wave, Excel и другие
- Как платить налоги и не попасть под штраф?
- Federal, State и местные налоги: на что обратить внимание?
- Sales Tax и Nexus: что это и как не ошибиться
- Payroll, W-2, 1099 и налоги с зарплаты

Лицензии и соответствие закону

- Как получить нужные лицензии и разрешения на бизнес?
- Как проверить, нужна ли лицензия для вашей деятельности?
- Как сделать страховку для бизнеса и сотрудников?

Продукт, бренд и маркетинг

- Как сформировать предложение и определить стоимость?
- Продукт, бренд и онлайн-присутствие
- Личный бренд фаундера: когда это важно?
- Как создать сайт и оформить бизнес в Google/Yelp?
- Социальные сети для бизнеса: где быть и что публиковать?
- Продвижение и маркетинг: локальный и национальный уровень
- Как запускать рекламу в Google, Meta, Yelp, TikTok и т.д.?

Юридические отношения с клиентами
- Контракты, расчёты и юридические отношения с клиентами
- Что делать, если клиент не платит или нарушает договор?
- Как проверять надёжность клиентов и заказчиков в США?
- Как продавать дорогие услуги, не будучи «американцем»?

Команда, партнёры и HR
- Работа с подрядчиками и сотрудниками: W-2 vs. 1099
- Как нанимать легально: проверка статуса, формы I-9 и W-4?
- Как нанимать сотрудников за границей (аутсорсинг)?
- Как правильно уволить сотрудника без последствий?
- Как вести бизнес в паре: супруг, партнёр, родственник?
- Как не выгореть: ментальное здоровье предпринимателя.

Юридическая защита и права
- Юридическая защита и минимизация рисков в бизнесе
- Как защититься от судебных исков и претензий?
- Интеллектуальная собственность: торговые марки, авторские права, патенты
- Как подать на регистрацию товарного знака в США?

Масштабирование и онлайн-модели
- Масштабирование и рост: когда пора и с чего начать?
- Франшизы, филиалы и партнёрские модели в США
- Как вести бизнес на Etsy, Amazon, eBay или Shopify?
- Как продавать онлайн без склада: дропшиппинг и print-on-demand?
- Как масштабировать услуги в онлайн-продукты и курсы?
- Как автоматизировать бизнес: CRM, боты, AI?

Иммиграция и бизнес
- Как использовать бизнес для смены иммиграционного статуса (L-1, E-2, EB-2 NIW)?
- Как вести бизнес на нескольких языках / для разных аудиторий?
- Как получить гранты и субсидии для малого бизнеса

Финал
- Часто задаваемые вопросы о бизнесе иммигрантов в США
- Полезные ресурсы, ссылки, шаблоны и инструменты для запуска и управления бизнесом

Внимание! Данное содержание является приблизительным и может быть скорректировано автором без дополнительного уведомления.

Краткая Глава 12. ФИНАНСОВАЯ ГРАМОТНОСТЬ В США

 Когда я начал писать эту главу, я думал, что ограничусь простыми советами: «откройте счёт», «не тратьте больше, чем зарабатываете», «следите за кредитной историей». Но чем глубже я погружался, тем яснее становилось: финансовая система США — это не просто другая страна. Это другой мир, где всё устроено по своим, иногда не поддающимся интуиции, правилам, и незнание этих правил бьёт особенно больно.

У меня было больше 80 подглав, сотни реальных историй иммигрантов, десятки шаблонов и пошаговых инструкций. Поэтому я решил: в этой книге будет только краткий обзор. А полная версия главы «Финансовая грамотность» выйдет в полной версии книги — как полный гид по выживанию и росту в американской финансовой системе.

Эта глава — не просто про деньги. Это про вашу защиту, свободу и будущее. Если вы живёте в США — вам нужна не теория, а чёткий, понятный и применимый план: как устроить свою финансовую жизнь так, чтобы не бояться завтрашнего дня.

Почему стоит прочитать полную версию этой главы:

Если вы:

- Зарабатываете, но не видите накоплений
- Не знаете, как устроены налоги и пенсионная система в США
- Путаетесь в терминах вроде APR, IRA, credit score
- Хотите выстроить защиту от долгов, рисков и мошенников
- Или просто хотите наконец почувствовать себя уверенно — эта глава для вас.

В полной версии вы получите:

✓ Полную пошаговую инструкцию: от открытия банковского счёта до инвестиций и пенсионного планирования
✓ Простые объяснения всех ключевых понятий: налоги, кредиты, страховки, credit score, compound interest

- ✓ Стратегии выхода из долгов, создания подушки, планирования крупных покупок
- ✓ Инструкции по защите от мошенников и кражи личности
- ✓ Конкретные истории иммигрантов и уроки из их опыта
- ✓ Инфографики, глоссарии, чеклисты, таблицы и PDF-шаблоны

Эта глава — не только про экономию, но и про контроль. Безусловно, вы не сможете контролировать абсолютно всё в новой стране, но финансы — это не так сфера, где можно «отпустить вожжи». И в ней контроль начинается с первого доллара.

Узнать статус готовности полной версии книги и подписаться на уведомления можно на сайте **drimusary.com**

Каким будет содержание полной Главы 12?

Зачем разбираться в финансах: история неудачи
- История Олега: $130,000 в год и ноль накоплений
- Почему финансовая грамотность — это выживание?
- Что такое финансовая устойчивость в США?
- Три вещи, которые влияют на вашу жизнь десятилетиями
- Секретная крутая полезность
- Приложение: чек-лист «финансовое сканирование»

Основные финансовые понятия на пальцах
- История Сергея: $8000 в месяц и жизнь «в Красноярске»
- Разница между gross и net income
- Простое построение бюджета
- Правило 50/30/20 и как его применить
- Что такое emergency fund и как начать?
- Секретная крутая полезность
- Приложения: шаблон бюджета, дневник расходов, таблица compound interest

Банковская система в США
- История Ивана: как выбрать правильный банк
- Разница между checking и savings
- Credit Union vs традиционный банк
- Онлайн-банки с высоким процентом
- FDIC/NCUA — как работает защита вкладов?

- Секретная крутая полезность
- Приложения: чек-лист выбора банка, список лучших онлайн-банков

Кредитная история: как не испортить свою репутацию
- История Ларисы: «никаких долгов» и отказ в кредите
- Что такое credit report и credit score?
- Что влияет на рейтинг и как его поднять?
- Ошибки, которые убивают кредитку
- Секретная крутая полезность
- Приложения: план роста рейтинга, список бесплатных проверок, шаблон отслеживания

Кредитные карты, кредиты и долги
- История Андрея: кредитка как ловушка
- Как выбрать первую кредитку?
- Ловушки: payday loans, title loans, кабальные кредиты
- Стратегии выхода из долгов: snowball vs avalanche
- Секретная крутая полезность
- Приложения: таблица долгов, сравнение карт, чеклист выхода из долгов

Налоги для физических лиц
- История Димы: $80,000 дохода и $14,000 долга IRS
- W-2, 1099, self-employed — что это?
- Как работает налоговая система в США?
- Вычеты и кредиты
- Как подать декларацию и избежать аудита?
- Секретная крутая полезность
- Приложения: налоговый календарь, шаблон «налоговая папка», список вычетов

Пенсионные счета и планирование
- История Николая: $300,000 без миллионных зарплат
- Разница между 401(k), IRA, Roth IRA
- Сколько откладывать и когда начинать?
- Что делать при смене работы или отъезде?
- Секретная крутая полезность
- Приложения: калькулятор накоплений, таблица счетов, чеклист старта

Инвестирование для начинающих
- История Рашида: $60,000 «под матрасом»
- Почему деньги должны работать?
- Акции, облигации, ETF — простое объяснение

- Где открыть счёт и что купить в первую очередь?
- Как избежать мошенников?
- Секретная крутая полезность
- Приложения: список ETF, гайд по платформам, пошаговый старт

Медицинские и образовательные накопительные счета
- История Лены: как ABLE-счёт спас от долгов
- HSA, FSA, 529, ABLE — что это и зачем?
- Лимиты, условия, выгоды
- Секретная крутая полезность
- Приложения: таблицы сравнений, чеклисты открытия, список расходов

Страхование как защита активов
- История Алексея: бизнес без страховки = минус $45,000
- Жизненная, медицинская, авто, бизнес, liability insurance
- Как выбрать и не переплатить?
- Секретная крутая полезность
- Приложения: глоссарий видов страховок, чеклист покрытия

Семейный бюджет: как строить будущее вместе
- История Виктора: «мы как соседи, а не семья»
- Совместный, раздельный и гибридный подход
- Финансовое воспитание детей
- Как говорить о деньгах без конфликтов?
- Секретная крутая полезность
- Приложения: шаблон семейного бюджета, договор партнёров, чеклист обсуждения

Финансовые мошенничества и как защититься
- История Аллы: письмо «от IRS» стоило $3,800
- IRS scam, SSN fraud, romance fraud
- Как распознать, куда жаловаться, как защититься?
- Credit freeze и защита личности
- Секретная крутая полезность
- Приложения: гайд по заморозке кредита, шаблон жалобы, список служб

Полезные ресурсы и приложения
- История Андрея: зарплата есть, знаний — нет
- Лучшие бесплатные приложения и сайты
- Где учиться, где считать, где проверять?
- Секретная крутая полезность

- Приложения: топ-7 сервисов, таблица IRA/401(k), карта помощи по штатам

Типичные ошибки и как их избежать

- История Виталия: $5,000 в месяц и полный финансовый хаос
- Без подушки, в долгах, без понимания
- Ошибки: кредиты, отсрочка инвестиций, страховки
- Секретная крутая полезность
- Приложения: чеклист ошибок, таблица расходов, гайд сравнения услуг

Финансовое планирование: от целей к действиям

- История Павла: как один план изменил всё
- Цели на 1, 3, 5 лет
- Порядок: подушка → долги → инвестиции → пенсия
- Секретная крутая полезность
- Приложения: шаблон целей, маршрут, таблица приоритетов

Где искать помощь, если финансы разрушены

- История подписчицы: от коллекторов до $3,000 накоплений
- Бесплатные ресурсы: 211, VITA, United Way, NFCC
- Как не попасть на мошенников?
- Секретная крутая полезность
- Приложения: шаблон письма коллекторам, карта ресурсов, таблица долговой нагрузки

Заключение: как стать хозяином своих финансов

- История Павла: путь от тревоги к стабильности
- Простые шаги: бюджет, кредитка, накопления, Roth IRA
- Где вы можете быть через 5 лет?
- Секретная крутая полезность
- Приложения: финансовая карта, трекер привычек, постер правил

Внимание! Данное содержание является приблизительным и может быть скорректировано автором без дополнительного уведомления.

Краткая Глава 13. МЕНТАЛИТЕТ АМЕРИКАНЦЕВ И КУЛЬТУРНАЯ АДАПТАЦИЯ

 Когда я начал писать эту главу, мне казалось, что расскажу просто: «ну, американцы более улыбчивые, прямолинейные, уважают границы». Но по мере общения с иммигрантами я понял: непонимание менталитета — это не мелочь, а причина конфликтов на работе, недопонимания в школе, разрыва в семье, чувства одиночества даже при знании языка. Эта тема — не только психологическая, но и практическая. Потому что менталитет — это фильтр: через него вас оценивают, принимают или отвергают. И именно через него вы тоже смотрите на всё вокруг.

Глава получилась не как лекция, а как практический навигатор: с историями, ситуациями, реакциями и десятками шаблонов фраз. От общения с начальником и соседями — до воспитания детей и преодоления чувства "я чужой". Она о том, как перестать воевать с непонятной культурой и начать жить в ней — честно, по-своему, но без страха.

Почему стоит прочитать эту главу полностью?

Если вы:

- Чувствуете, что «всё делаю правильно, но всё равно чужой»
- Попадаете в конфликты на работе, хотя «хотел как лучше»
- Не понимаете, почему вас избегают, хотя вы старались
- Сравниваете всё с родиной, и злитесь на «их правила»
- Или просто хотите научиться говорить, слушать, дружить и работать «по-американски», не теряя себя — эта глава даст вам конкретные инструменты

В полной версии вы получите:

- ✓ Разбор базовых ценностей американцев: индивидуализм, прямота, доверие к правилам
- ✓ Объяснение, почему нельзя «по-человечески договориться»— и что вместо этого
✓ Полезные шаблоны: как выражать несогласие, жаловаться, благодарить, не нарушая местной культуры

- ✓ Гайд по рабочей этике: как говорить о проблемах, просить повышение, не выглядеть агрессивным
- ✓ Как различать дружелюбие и дружбу — и не попадать в ловушки
- ✓ Советы, как сохранить свои корни и не навязывать их детям
- ✓ Сотни полезностей: от фраз для small talk до инструкций по адаптации всей семьи

Эта глава — не про теорию культуры. Она про выживание и успех. Про то, как не остаться в тени. Про то, как быть услышанным. Про то, как не разрушить случайно мосты, которые вы только начали строить. Если вы хотите не просто жить в США, а жить с уверенностью и уважением — прочитайте эту главу полностью в основной версии книги.

Узнать статус готовности полной версии книги и подписаться на уведомления можно на сайте **drimusary.com**

Каким будет содержание полной Главы 13?

 Введение: менталитет как фильтр и барьер
- История Александра: уволили за честность
- Почему «быть правым» не всегда работает?
- Культура как невидимая система координат
- Секретная крутая полезность
- Приложение: как выразить несогласие без конфликта

Базовые ценности американцев
- История PTA-встречи: «почему никто не предложил помощь?»
- Индивидуализм, прямота, улыбка, инклюзивность
- Как вести себя в незнакомых ситуациях?
- Секретная крутая полезность
- Приложение: словарь «что сказать вместо…»

Рабочая культура и деловая этика
- История Максима: уволили за «молчание»
- Small talk, punctuality, корпоративный язык
- Как получить повышение и не выглядеть агрессивным?
- Секретная крутая полезность
- Приложения: шаблоны фраз + follow-up писем

Социальные взаимодействия и дружба

- История Татьяны: дружелюбие ≠ дружба
- Как устроено общение «на поверхности»?
- Почему «Let's grab coffee» не значит приглашение?
- Секретная крутая полезность
- Приложения: фразы для small talk и шаблон письма соседу

Воспитание детей и родительская культура
- История семьи из Бруклина и CPS
- Свобода выбора ребёнка, запрет на физические наказания
- Как говорить с учителями и не «пережать»?
- Секретная крутая полезность
- Приложения: гайд по PTA, фразы для родителей, шаблон письма в школу

Психологические барьеры адаптации
- История Натальи: «живу не свою жизнь»
- Эмоциональные волны, вина за успех, тоска
- Что помогает пройти «вторую волну»?
- Секретная крутая полезность
- Приложения: тест адаптации, список ресурсов, письмо самому себе

Как перестать сравнивать и начать понимать
- История Виктора: «у нас было лучше»
- Как сменить фокус с критики на изучение?
- Почему простота — это не слабость, а стиль?
- Секретная крутая полезность
- Приложения: таблица «свой культурный код» + фразы для понимания

Адаптация всей семьи: разные скорости, разные боли
- История Ирины и Алексея: «ты забыла, кто ты есть»
- Что делать, если один адаптируется, другой — нет?
- Конфликт поколений и языков в одной семье
- Секретная крутая полезность
- Приложения: карта семейной адаптации, фразы для диалога

Этнические сообщества: поддержка или ловушка?
- История «жизни в диаспоре» 10 лет
- Когда диаспора помогает, а когда тормозит?
- Как выйти в англоязычную среду безопасно?
- Секретная крутая полезность
- Приложения: чеклист диаспоры, шаблон расширения круга общения

Как культурные различия влияют на восприятие закона
- История с полицией: «вызвал — значит предал»
- Жалобы, правила и НОА в американской культуре
- Как действовать в конфликтах по-местному?
- Секретная крутая полезность
- Приложения: гайд по взаимодействию с офицером, шаблон жалобы

Язык как барьер и индикатор адаптации
- История клиентки с идеальным английским
- Почему акцент — не помеха, а часть идентичности?
- Как научиться говорить «по-местному»?
- Секретная крутая полезность
- Приложения: «1 минута о себе», список приложений для тренировки

10 принципов успешной адаптации
- История мужчины: «вроде, всё делаю, но не чувствую себя своим»
- 10 практик: от «наблюдай без осуждения» до «умей смеяться над собой»
- Как строить новую жизнь без борьбы с собой?
- Секретная крутая полезность
- Приложения: трекер микро-шагов, чеклист адаптации

Отношение к ошибкам и провалам
- История с налоговой формой и «Welcome to the club»
- Культура «fail fast» и рост через неудачи
- Фразы, которые помогают не стыдиться, а учиться
- Секретная крутая полезность
- Приложения: шаблон «моя история провала», список книг и TED Talks

Ментальное здоровье и обращение за помощью
- История с панической атакой и открытием «это нормально»
- Кто такие therapist, counselor, psychiatrist?
- Как найти помощь: дешево, на своём языке, без стыда?
- Секретная крутая полезность
- Приложения: таблица специалистов, письмо-запрос, список ресурсов

Внимание! Данное содержание является приблизительным и может быть скорректировано автором без дополнительного уведомления.

Краткая Глава 14. СЛУЖБА В АРМИИ США, КАК ПУТЬ К АМЕРИКАНСКОЙ МЕЧТЕ

 Когда я начал изучать тему армии США, я, как и многие иммигранты, думал: «Это точно не для меня». Возраст, акцент, семья, страх перед военными действиями — всё это казалось непреодолимыми преградами. Но чем глубже я погружался, тем яснее становилось: армия — не про оружие, а про второй шанс. Второй шанс и путь к гражданству, образованию и стабильности. Это целая система, которая может стать не тупиком, а трамплином. Особенно если ты не знаешь, с чего начать свою жизнь в США.

Глава выросла из множества историй: о таксисте, который отказался от армии — и потерял очень многое. О парне, подписавшем контракт, не разобравшись в деталях — и оказавшемся в депрессии. О девушке, ставшей фельдшером и купившей дом за условные $0. В этой главе более 100 страниц, десятки шаблонов, таблиц, ссылок, чек-листов, конкретных инструкций, и, главное, честный разговор: стоит ли именно вам идти в армию? И если да — как пройти этот путь без ошибок и на максимуме своих возможностей.

Почему стоит прочитать эту главу полностью?
Если вы:

- Хотите получить гражданство США за 6–12 месяцев
- Не уверены, как обеспечить семью или оплатить учёбу
- Думаете, что армия — это только про войну и убийства
- Не знаете, подойдёт ли вам служба по статусу, возрасту или здоровью
- Ищете способ начать карьеру в США, но без американского диплома, то эта глава — ваш путеводитель.

В полной версии вы получите:

 ✓ Подробное сравнение всех форм и ветвей службы — с бонусами, условиями и рисками
✓ Списки MOS (армейских профессий), подходящих для иммигрантов, с бонусами и карьерным продолжением

✓ Юридические и медицинские требования, с пояснениями, кто может пойти на службу, а кто — через waiver

✓ Инструкции по ускоренному получению гражданства через службу

✓ Чек-листы, шаблоны писем рекрутёрам, списки льгот, инструкции по GI Bill, VA Loan, TRICARE

✓ Истории иммигрантов, которые стали офицерами, юристами, айтишниками, владельцами бизнеса

✓ План действий после демобилизации — как не потерять инерцию и превратить форму в карьеру

Эта глава — не агитация, а инструкция. Если вы не хотите стоять на месте, если готовы работать, но не знаете, с чего начать — возможно, армия и есть тот шаг, который даст вам фору в 5–10 лет. Прочитайте главу, и, вполне вероятно, впервые за долгое время у вас появится ясный план.

Узнать статус готовности полной версии книги и подписаться на уведомления можно на сайте **drimusary.com**

Каким будет содержание полной Главы 14?

 Почему армия — это не только про войну, а про возможности

- История Андрея: потерянный шанс и осознанное сожаление

- Армия как социальный лифт: легализация, образование, стабильность

- Личный рост, дисциплина, уважение и карьерный старт

- Подходит ли вам служба? — честные вопросы, которые стоит себе задать

- Секретная крутая полезность

- Приложение: чек-лист «Подхожу ли я для службы?»

Основные формы службы: Active Duty, Reserve, National Guard

- История Влада: выбор без информации

- Чем отличаются форматы службы?

- Где живёте, как часто служите, какие бонусы?

- Как выбрать формат под свою ситуацию?

- Секретная крутая полезность

- Приложения: таблица сравнения форматов + шаблон личной матрицы выбора

Ветви армии США и их особенности
- История Николая: хотел в Air Force, попал в Navy
- Обзор: Army, Air Force, Navy, Marines, Coast Guard, Space Force
- Куда проще попасть иммигранту?
- Что подходит под ваш стиль жизни и цели?
- Секретная крутая полезность
- Приложения: таблица сравнения ветвей + чек-лист выбора ветви

Армейские профессии (MOS): не только пехота
- История Алекса: пехота вместо медицины
- Что такое MOS и почему она важнее ветви?
- ТОП-профессии и их бонусы
- MOS как старт гражданской карьеры
- Секретная крутая полезность
- Приложения: таблица MOS + глоссарий + шаблон писем рекрутёру

Требования к кандидатам: иммиграционный статус, возраст, здоровье
- История Дмитрия: потерянный шанс из-за мифов
- Кто может служить: грин-карта, TPS, U4U?
- ASVAB, возраст, английский, медкомиссия
- Waiver-программы: что можно обойти?
- Секретная крутая полезность
- Приложения: таблица статусов + форма pre-screen + инструкция по waiver

Путь от иммигранта до гражданина США через службу
- История Марии: муж получил паспорт за 6 месяцев
- Законы §328 и §329
- Процесс подачи на гражданство
- Грин-карта и гражданство для семьи
- Секретная крутая полезность
- Приложения: шаблон формы N-426 + инструкция по подаче на натурализацию

Зарплата, бонусы и армейские льготы
- История Руслана: цифры и Excel
- Базовая зарплата, надбавки, бонусы
- TRICARE, отпуска, пенсионка, TSP
- Секретная крутая полезность

- Приложения: калькулятор дохода + таблица бонусов и льгот

Образование и жильё: что даёт армия
- История Артура: бесплатная лицензия и дом
- GI Bill, Tuition Assistance, VA Loan
- Сертификации, лицензии, переобучение
- Секретная крутая полезность
- Приложения: калькулятор GI Bill + список лицензий + VA-гид

Жизнь военного и его семьи
- История Марины: слёзы, страховка и комьюнити
- Deployment, переезды, FRG, школы и детсады
- Льготы, медпомощь, поддержка супругов
- Секретная крутая полезность
- Приложения: гид по TRICARE + шаблон обращения в FRG

Риски, страхи и реальность армейской службы
- История Аркадия: Кувейт и внутренние барьеры
- Боевые действия, PTSD, контракты
- Что делать, если передумали?
- Секретная крутая полезность
- Приложения: таблица «безопасные MOS» + чек-лист «готов ли я?»

Армия как старт карьеры в США
- История Романа: из фриланса в Raytheon
- TAP, SkillBridge, VOSB, юриспруденция
- Как использовать армейский опыт?
- Секретная крутая полезность
- Приложения: шаблон резюме ветерана + инструкция по SkillBridge

Путь после армии: как не потерять инерцию
- Как превратить форму в профессию?
- VOSB, госслужба, образование, политика
- Привилегии ветеранов, наставничество
- Секретная крутая полезность
- Приложения: портфель ветерана + чек-лист ресурсов

Внимание! Данное содержание является приблизительным и может быть скорректировано автором без дополнительного уведомления.

Краткая Глава 15. СОЦИАЛЬНЫЙ КАПИТАЛ И СЕТИ В США

 Когда я начал писать эту главу, я думал, что соберу просто несколько советов по нетворкингу. Но по мере работы над главой, я понял: социальный капитал — это не отдельная тема. Это ткань, из которой в США соткана вся жизнь: работа, жильё, клиенты, поддержка, успех — всё здесь строится на людях, и особенно — на тех, кто говорит о вас, когда вас нет рядом. Так родилась самая глубокая, насыщенная и, пожалуй, самая жизненная глава этой книги. В ней не только инструкции, но и множество реальных историй: о случайных знакомствах, которые меняют судьбы, о силе «слабых связей», о том, как стать «своим» даже без связей, и как одна рекомендация может заменить сотни резюме. Это не просто про «познакомиться» — это про то, как выстроить вокруг себя круг, который будет тянуть вас вперёд.

В этой мини-версии книги — только краткое описание. Но в полной версии вы получите целую систему: пошаговые планы, шаблоны сообщений, карты контактов, таблицы отслеживания связей и стратегии, которые помогут вам выстроить свою сеть — даже если вы в США всего неделю.

Спасибо, что вы со мной на этом пути.

Узнать статус готовности полной версии книги и подписаться на уведомления можно на сайте **drimusary.com**

Каким будет содержание полной Главы 15?

 Введение: почему в США связи важнее дипломов
- История Егора: от одиночества до первых рекомендаций
- Социальный капитал как капитал в прямом смысле
- Разница между связями в США и на постсоветском пространстве
- Секретная крутая полезность
- Приложение: чек-лист аудита вашего круга общения

Что такое социальный капитал и зачем он нужен
- Три уровня связей: близкие, слабые, стратегические
- Как они влияют на работу, жильё, адаптацию и статус?
- Примеры из жизни

- Почему «я сам справлюсь» — не работает?
- Секретная крутая полезность
- Приложения: шаблон «карты связей» + трекер касаний

Сила слабых связей и стратегических знакомств
- Почему помогают «знакомые знакомых»?
- Кто такие «ключевые люди» и как их найти?
- Наставники, connectors и gatekeepers
- Как не лезть в элиту слишком рано?
- Секретная крутая полезность
- Приложения: список сообществ + шаблон первого сообщения

Как строить сеть с нуля в США
- Что делать в первые 30 дней?
- Где искать людей: волонтёрство, школы, соседи?
- Как не застрять в «гетто по паспорту»?
- План первых 10 шагов
- Секретная крутая полезность
- Приложения: «План выхода в свет» + заметка для соседа

Нетворкинг в США: культура, этика и поведение
- Как правильно знакомиться?
- Small talk, интро, follow-up
- Ошибки, которые мешают
- Что отталкивает американцев?
- Секретная крутая полезность
- Приложения: шаблон elevator pitch + гайд по ивентам

Социальный капитал и поиск работы
- Hidden job market и реферальная экономика
- Как реально работает LinkedIn и рекомендации?
- Почему резюме — это вторично?
- Пример первой работы через контакт
- Секретная крутая полезность
- Приложения: шаблоны интро, таблица «кто может меня представить»

Цифровой нетворкинг и личный бренд
- LinkedIn, Telegram, Instagram: что про вас видно
- Как писать незнакомым людям?

- Как делиться достижениями без хвастовства?
- Публичность без саморекламы
- Секретная крутая полезность
- Приложения: 50 тем для постов + шаблон digital-визитки

Как быть полезным другим (и зачем это вам)
- Принцип give first
- Как помогать, даже если «ничего нет»?
- Волонтёрство, советы, внимание
- Репутация = что о вас говорят без вас
- Секретная крутая полезность
- Приложения: чеклист «15 способов быть полезным» + гайд благодарностей

Где искать сообщества и события
- Meetup, Eventbrite, Telegram, Lunchclub
- Профессиональные, родительские, религиозные сообщества
- Как встроиться в РТА, НОА, стартап-тусовки?
- Как выбрать 3 своих сообщества?
- Секретная крутая полезность
- Приложения: карта групп, шаблоны писем, гайд «первый ивент»

Как поддерживать связи и превращать их в возможности
- Система «регулярных касаний»
- База контактов: Notion, Google Sheets, CRM
- Коллаборации и совместные проекты
- Как правильно просить о помощи?
- Секретная крутая полезность
- Приложения: шаблоны фраз для касаний + трекер активности

Закрытые и полузакрытые сообщества
- Alumni-клубы, rotary, chambers, mastermind-группы
- Как туда попасть (и не облажаться)?
- Этика поведения и внутренняя репутация
- Почему «туда» не зовут «случайных»?
- Секретная крутая полезность
- Приложения: карта закрытых сообществ + чеклист входа

Барьеры, страхи и типичные ошибки
- Стеснение, навязчивость, «я ничего не могу предложить»
- Ошибки при построении отношений
- Игнорирование культурных кодов
- Как преодолеть внутренние блоки
- Секретная крутая полезность
- Приложения: 10 фраз, которые лучше переформулировать

Социальный капитал в бизнесе и карьере
- Где искать клиентов, партнёров, инвесторов?
- Как попасть в нужную среду?
- Что о вас говорят, когда вас нет в комнате?
- Почему бизнес в США — это про доверие?
- Секретная крутая полезность
- Приложения: шаблон «Как меня представляют» + карта отраслей

Истории, которые изменили жизнь
- История одного интро
- История роста с нуля
- Истории, которые начались «случайно»
- Как одно сообщение может всё изменить?
- Секретная крутая полезность
- Приложения: шаблон "сообщения без давления" + трекер слабых связей

Заключение: вы — это ваш круг
- Почему связи важнее стартового капитала?
- Аудит круга и как его развивать?
- 3 действия, которые можно сделать уже сегодня
- Отдача, как валюта роста
- Секретная крутая полезность
- Приложения: шаблон аудита круга + гайд «как свернуть токсичное общение»

Внимание! Данное содержание является приблизительным и может быть скорректировано автором без дополнительного уведомления.

Об авторе

Егор Редин — российский и американский юрист, иммигрант и отец двух дочерей. Родился в России, где более десяти лет проработал адвокатом в сфере гражданского и коммерческого права. Руководил юридической практикой, защищал интересы компаний и частных клиентов в судах, сопровождал сделки и вел сложные споры — от контрактов до взысканий.

После переезда в США, Егор начал путь с нуля. Получил сертификат Paralegal в штате Вашингтон с GPA 3.89 и поступил в Seattle University School of Law на программу LL.M. (юрист-магистр), чтобы глубже понять американскую правовую систему. В мае 2025 году успешно закончил программу LL.M. с GPA 3.8 и получив Pro Bono Pledge Outstanding Award. В данный момент он работает в юридической фирме в США, занимаясь иммиграционными, гражданскими и деликтными делами, планированием наследства и защитой активов в США, а также помогает русскоязычным иммигрантам адаптироваться и защитить свои права.

Кроме юридической работы, Егор активно участвует в волонтёрских и гуманитарных проектах, помогает беженцам, строит цифровую инфраструктуру для поддержки иммигрантов и выступает в роли связующего звена между людьми и правовой системой США.

Эта книга — результат его личного пути, его профессионального опыта и желания помочь другим пройти этот путь быстрее и увереннее.

Контакты, полезные ссылки и отзывы о книге

Если у вас есть вопросы, отзывы или вы хотите поделиться своей историей — вы всегда можете связаться со мной напрямую.

 Официальный сайт проекта Drimusary и всех книг: **www.drimusary.com**
На сайте вы найдёте:

➤ бесплатные материалы и шаблоны к книге (PDF),
➤ актуальные статьи о жизни в США,
➤ возможность подписаться на обновления и получить доступ к новым главам,
➤ форму для записи на консультацию.

Важно! По состоянию на дату выпуска этой книги данный сайт еще не запущен, но все материалы, упомянутые в этой книге готовы. Я обязуюсь запустить сайт www.drimusary.com не позднее 31 декабря 2025 года, или верну вам двукратную сумму, которую вы заплатили за эту книгу.

Email для связи  **drimusary@gmail.com**

Социальные сети:

- YouTube канал: **www.youtube.com/@redinway** — Жизнь и законы в США — видео об иммиграции, законах, адаптации и карьере
- Telegram: **t.me/redinway** – Мой телеграмм канал о моем пути в США
- Facebook - **www.facebook.com/drimusary**

 **Вам понравилась эта книга? Вы можете оставить о ней отзыв вот здесь и получить скидку 50 % на мою любую следующую книгу.**

facebook.com/drimusary/reviews

Скоро в продаже: полная версия книги «На пути к Американской Мечте»

Это не просто книга — это навигатор по адаптации и росту в США. Если вы уже сделали первый шаг и оказались в новой стране, эта книга поможет вам уверенно пройти все оставшиеся шаги. Полная версия «На пути к Американской Мечте» — это 16 насыщенных глав, более 500 страниц практики, шаблонов, историй и готовых решений.

Что внутри:
- ✓ Удалённая работа и фриланс — пошагово: как начать, где искать клиентов, как получать оплату, какие налоги платить и как не попасть на мошенников.
- ✓ Образование и помощь на обучение — от детских садов до университетов, от ESL до FAFSA и колледжей для родителей.
- ✓ Судебная и правовая система — как устроены суды, можно ли защищать себя самому и как разрешать конфликты без паники.
- ✓ Бизнес в США — от регистрации до продвижения, налоги, лицензии, партнёрство, маркетинг, риски, масштабирование.
- ✓ Финансовая грамотность — налоги, кредиты, пенсионные счета, инвестиции и покупка автомобиля без ошибок.

Если вам оказалась близка и полезна мини-книга — полная версия даст в 5 раз больше, с примерами, ссылками, пошаговыми алгоритмами и личными историями.

Бонусы для читателей полной версии:
- • Доступ к закрытым PDF-шаблонам и таблицам
- • Видео-гайды и новые главы
- • Приглашение в онлайн-сообщество иммигрантов, идущих к мечте

Следите за выходом на drimusary.com

Подпишитесь на мою страницу в ФБ (**facebook.com/drimusary**), чтобы не пропустить релиз и получить подарки первым.

 ## Скоро в продаже: «Как получить убежище в США: Полное руководство»

Если вы ищете не надежду, а конкретные шаги — эта книга для вас, потому что иммиграция — не всегда выбор, а иногда — единственный шанс на спасение. Эта книга создана для тех, кто собирается просить убежище в США или уже находится в процессе. Это не пересказ с форумов и не просто теория. Это подробный, структурированный и честный путеводитель по самому сложному и тревожному этапу в жизни американского иммигранта.

Внутри — более 20 глав, включая:

- юридические основы и 5 защищаемых оснований (религия, политика, национальность, раса, соц. группа),
- как доказать прошлое преследование или страх будущего,
- пошаговый разбор формы I-589, сроков, документов,
- как пройти интервью и суд: поведение, доказательства,
- как собрать сильный кейс: personal statement, эксперты,
- как не допустить фатальных ошибок и не потерять шанс,
- реальные истории убежища, шаблоны и чек-листы.

Вы узнаете:

- когда действительно можно подать на убежище,
- кто может быть экспертом по стране или психологом,
- можно ли подать без адвоката и как его проверить,
- когда дают разрешение на работу,
- что делать при отказе и как использовать апелляцию.

Приложения и бонусы:

- шаблон персонального заявления
- таблица country conditions
- список обязательных документов
- чек-листы подачи и интервью
- ссылки на бесплатные ресурсы и адвокатские организации

Следите за выходом на drimusary.com

Подпишитесь на мою страницу в ФБ (**facebook.com/drimusary**), чтобы не пропустить релиз и получить подарки первым.

Увидели эту книгу у кого-то и хотите купить ее?

1. Отсканируйте QR код на этой странице

2. В форме оплаты обязательно укажите ваш адрес на территории США.

3. Оплатите стоимость книги

4. Мы вышлем вам книгу по адресу на территории США, указанному вами в форме оплаты без дополнительных затрат для вас на доставку.

5. Если вы не получите книгу в течение 30 календарных дней с момента оплаты, то я, как Автор этой книги, обещаю вернуть вам двукратную рыночную стоимость этой книги.

    Если у вас возникнут любые сложности с оплатой или заказом, напишите мне на **drimusary@gmail.com и я отвечу вам в течение 24 часов.**

6. Если вы купили данную книгу напрямую у меня (по данному QR), то я совершенно бесплатно могу предоставить вам сертификат о том, что часть средств от продажи этой книги пошла на поддержку сирот и Украины. Просто напишите мне на drimusary@gmail.com.

Глоссарий

Термин	Английская расшифровка	Объяснение
401(k)	401(k) Retirement Plan	Пенсионный план, предоставляемый работодателем с возможностью налогового отсроченного накопления.
ATS	Applicant Tracking System	Система автоматической обработки резюме перед просмотром рекрутером.
Bar Exam	Bar Examination	Экзамен для получения адвокатской лицензии в США.
BFET	Basic Food Employment and Training	Программа помощи студентам с низким доходом.
BBB	Better Business Bureau	Служба проверки надёжности американских компаний.
B&O Tax	Business and Occupation Tax	Налог на валовую выручку, применяемый, например, в штате Вашингтон.
CNA	Certified Nursing Assistant	Сертифицированный помощник медсестры, выполняющий базовый уход за пациентами.
CPA	Certified Public Accountant	Лицензия сертифицированного бухгалтера в США.
CDL	Commercial Driver License	Коммерческие водительские права для управления грузовиками, автобусами и коммерческим транспортом.
Credit Union	-	Кредитный кооператив — некоммерческая финансовая организация, альтернатива банкам.
Эвалюация диплома	Diploma Evaluation	Процедура оценки иностранного диплома на соответствие американским академическим стандартам.
DBA	Doing Business As	Название, под которым работает бизнес, если оно отличается от юридического имени.
EdX	EdX	Платформа онлайн-обучения от университетов.

EAD	Employment Authorization Document	Разрешение на работу, выдаваемое иммиграционными властями США.
EA	Enrolled Agent	Лицензированный IRS налоговый консультант с правом представительства клиентов в налоговых делах.
EEOC	Equal Employment Opportunity Commission	Федеральное агентство по защите от дискриминации в сфере труда.
EFC	Expected Family Contribution	Оценка финансового вклада семьи при расчёте помощи на образование.
FAFSA	Free Application for Federal Student Aid	Форма для получения государственной помощи на образование.
FHP	Food Handler's Permit	Разрешение на работу с продуктами питания, подтверждающее знание санитарных норм.
FLC	Foreign Legal Consultant	Иностранный юрист, получивший право консультировать по праву своей страны в США без Bar Exam.
Form 1040-ES	Estimated Tax for Individuals	Форма для уплаты налогов поквартально.
1099	Form 1099	Форма для отчётности о доходах, полученных не от работодателя (например, самозанятость или фриланс).
IRA	Individual Retirement Account	Пенсионный счёт с налоговыми льготами.
IRS	Internal Revenue Service	Налоговая служба США.
L&I	Labor and Industries	Региональное ведомство по охране труда и трудовым правам.
LL.M.	Master of Laws	Академическая степень в области права, часто получаемая юристами-иностранцами в США.
NACES	National Association of Credential Evaluation Services	Ассоциация организаций, уполномоченных проводить эвалюацию иностранных дипломов.

NCLEX-RN	National Council Licensure Examination for RNs	Экзамен на получение лицензии медсестры в США.
NDA	Non-Disclosure Agreement	Соглашение о неразглашении конфиденциальной информации.
1099-NEC	Nonemployee Compensation	Форма, которую отправляют фрилансеру при выплатах от $600 в год.
PTA	Parent Teacher Association	Ассоциация родителей и учителей — форма участия родителей в школьной жизни.
Roth IRA	Roth Individual Retirement Account	Пенсионный накопительный счёт, взносы в который облагаются налогом сразу, а выплаты — нет.
S-corp	S Corporation	Корпорация, которая может избежать двойного налогообложения, передавая прибыль акционерам.
Schedule C	Profit or Loss from Business	Форма отчётности о доходах и расходах индивидуального предпринимателя.
Schedule SE	Self-Employment Tax	Форма для расчёта налога на самозанятость.
TANF	Temporary Assistance for Needy Families	Программа временной помощи малоимущим семьям.
USCIS	U.S. Citizenship and Immigration Services	Иммиграционная служба США.
W-2	Wage and Tax Statement	Форма для работников, которые получают зарплату от работодателя.
W-9	Request for Taxpayer Identification Number and Certification	Форма, предоставляемая клиенту для последующей подачи 1099.